저학년부터 시작하는 쉽고 재미있는 최신 시사상식

초등 신문 읽기

IT과학 · 문화예술

양춘미(THE배우다 대표) 지음

서사원주니어

들어가는 말

TV를 과감하게 없앴습니다. 아들이 서너 살이 될 무렵이었어요. 아이의 TV 노출을 줄이겠다는 다짐 너머에는 북카페 같은 거실을 만들고 싶다는 저만의 로망이 있었습니다. 주말마다 <무한도전>이나 <1박2일>을 보며 더 이상 웃지 못했지만, 전혀 아쉽지 않았습니다. 우리 가족은 주말마다 공원이나 캠핑장으로 향했고, 여가가 생길 때마다 책을 읽거나 레고를 조립하며 TV 없는 일상을 제법 즐기고 있었거든요.

그런데 말이죠. 아이가 초등 입학을 하고 나니 TV가 없다는 현실이 아쉽기 시작했습니다. 튀르키예는 대지진으로 인해 어떻게 됐는지, 몰디브는 왜 인공 섬을 만들고 있는지, 꿀벌이 왜 사라지고 있는지 등의 뉴스를 접할 길이 없더라고요. 물론 마음만 먹으면 태블릿이나 컴퓨터를 이용해 보여줄 수는 있었겠지요. 하지만 세상에는 아이에게 들려주고 싶지 않은 무서운 소식들(살인, 자살, 살해, 성폭력 등등)이 더 많으니까요. 이런 뉴스가 무분별하게 아이에게 전달되는 것 또한 막고 싶었습니다. 그래서 선택한 것이 신문이었어요.

처음에는 유명 일간지와 그에 딸린 어린이 신문을 구독했습니다. 어린이 신문을 제가 먼저 읽어본 후, 아이가 읽었으면 하는 기사를 잘라 신문 스크랩 노트에 붙이고 이야기 나누었어요. 뿌듯했습니다. 아이와 이런 시사 내용을 토대로 이야기를 나누다니! 아이의 문해력을 쑥쑥 키우는 훌륭한 엄마가 된 것 같았어요. 하지만 그런 뿌듯함은 며칠 가지 못했어요.

분명 어린이 신문인데, 어려운 한자어가 너무나 많이 등장했습니다. 모르는 낱말을 설명해주다가 진이 빠지곤 했습니다. 한 문장 한 문장 독해하다가 전체적인 문맥을 놓치는 느낌이었어요. 어떤 기사는 아이가 읽기에 분량이 과다했습니다. 또 어떤 기사는 성인 신문의 기사 내용을 그저 줄여놓기만 해서 단순한 정보 때문에 읽고 나서도 답답했습니다. 점점 갈수록 기성 신문의 한계를 느끼고 있었습니다.

저는 출판사에서 꽤 긴 시간 일했습니다. 출판사 에디터에게 '신문사에 보내는 보도자료 쓰기'는 매우 중요한 업무 중 하나입니다. 저는 팀장으로 일했으니 담당 편집한 책의 보도자료 작성 외에도 팀원들의 보도자료까지 숱하게 읽고 수정했습니다. (네, 맞습니다. 신문에는 기자들이 취재를 통해 쓰는 기획기사도 있지만, 관공서나 기타 기관에서 보내는 보도자료를 토대로 쓴 기사도 있습니다.) 신문 스크랩에 지쳐갈 무렵 '그냥 내가 써버릴까?' 스멀스멀 이런 생각이 들더군요. 그리하여 보도자료 출처를 찾아 초등 저학년 아이들도 쉽게 이해할 수 있도록 각색하여 기사를 쓰기 시작했습니다.

'우다다뉴스'는 이런 과정을 통해 만들어졌습니다.

처음에는 저희 아들만 읽고 쓰고 했습니다. 아들을 위해 만든 신문이었으니까요. 만들다 보니 욕심이 생기더라고요. 좀 더 이해하기 쉽도록 손수 그림을 그려 넣고, 도움이 될 만한 영상도 찾게 되고, 도표도 만들고요. 애써 만든 자료가 아까워서 친구네 선물했더니 반응이 대단했습니다. 단순히 생각 글쓰기나 시사상식만 담은 게 아니라 수학, 역사, 과학 등 광범위한 영역을 다루고 있는 어린이 신문이라고 칭찬 일색이더군요. 그때 용기가 생겼습니다. '세상에 내놓아도 되겠다!' 그렇게 '우다다뉴스'는 매주 화요일마다 PDF 형태의 온라인 신문으로 발행되고 있습니다. 벌써 3년째입니다. (참고로 '우다다'는 제가 운영하고 있는 어린이 교육 콘텐츠 회사 'THE배우다'의 알파카 캐릭터 이름입니다.)

이제 우다다뉴스를 책의 형태로 세상에 내보냅니다. '환경·국제', '생태·사회', 'IT과학·문화예술' 등 영역별로 나눠 한 권 한 권에 담았습니다. 아이들이 알아두면 좋을 뉴스를 선별하여 좀 더 말끔하게 다듬었고, 관련 책이나 정보를 추가하였습니다. 책으로 엮은 우다다뉴스의 매력에 우리 아이들뿐만 아니라 부모님들도 흠뻑 빠져들기 바랍니다.

세상에서 일어나는 수많은 일들은 외워야 하는 것도 아니고, 정답이 있는 것도 아닙니다. 공부해야 할 무언가는 더더욱 아니지요. 여러 사건들을 통해 '나만의 생각'을 가져보는 것! 이것만으로 우리 아이들에게는 충분합니다. 아이들의 답변이 어설프고 엉뚱해도 괜찮습니다. 그때만이 가질 수 있는 '귀여운 생각'들이 훗날 '깊은 사고', '넓은 시야', '다양한 감정'의 씨앗이 될 것입니다.

우다다뉴스를 책으로 만들자는 근사한 제안을 해주신 서사원 장선희 대표님, 진심으로 고맙습니다. 애정과 열정으로 제 원고를 편집해준 강교리 에디터님을 비롯하여 저의 활동을 무한히 응원해주는 THE배우다 멤버들에게도 고맙다는 말 전합니다. 우다다뉴스의 근간이 되었던 아들 코타에게 사랑한다는 말을 전하며 책을 마무리합니다.

2024년 7월
THE배우다 대표 **양춘미**

이렇게 활용하세요

신문 기사

<u>초등학생이 꼭 알아야 할 최신 뉴스</u>를 엄선해 이해하기 쉬운 어휘로 풀어 썼습니다. 부담 없는 분량과 흥미로운 주제로 아이 혼자서도 충분히 읽어낼 수 있어요. 소리내어 읽은 후 기사의 난이도를 표시하고, 모르는 낱말을 적어보세요. 모든 활동을 마치고 난 뒤에 새롭게 알게 된 낱말을 다시 확인해볼 수 있습니다.

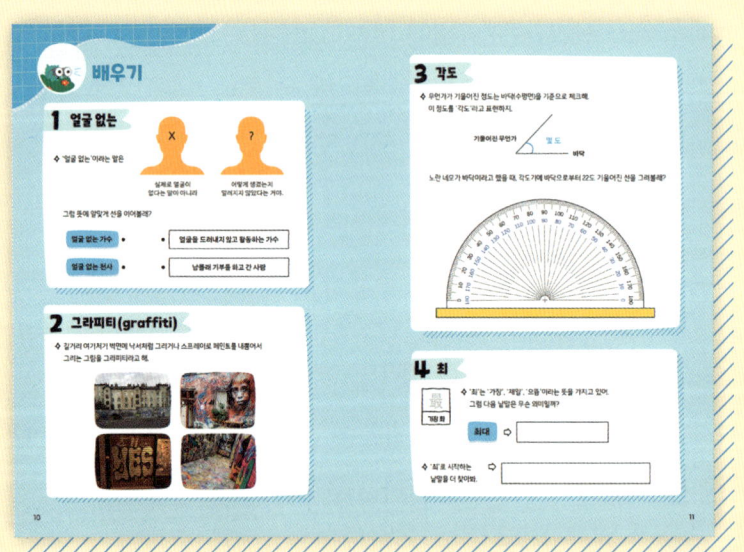

배우기

기사 내용을 이해하기 위해 <u>알아두면 좋은 배경 지식</u>을 담았습니다. 정치, 경제, 사회, 과학, 수학 등 다양한 분야의 지식은 물론, 기사 속 용어의 어원과 쓰임새, 파생어, 한자와 영어 표기법까지 <u>전 교과 학습 능력과 어휘력</u>을 키울 수 있도록 구성했습니다. 아이 눈높이에 맞춘 따라 쓰기, 선 잇기, 색칠하기, 그리기 등의 활동으로 재미있게 학습해보세요.

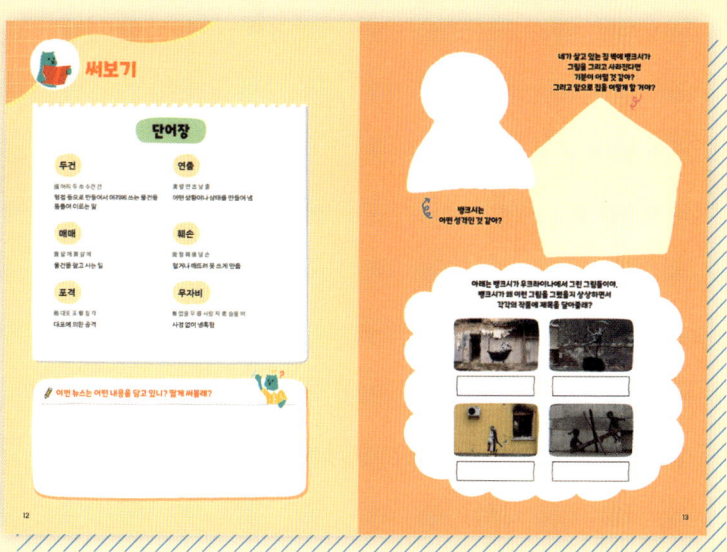

써보기

꼭 알아두어야 할 낱말을 단어장으로 정리했습니다. 기사를 완전히 이해했는지 확인하기 위해 내용을 간단히 요약해보고, 나아가 기사를 읽고 든 생각을 글로 표현하는 연습을 합니다. '기사 속 인물이 왜 그랬을까?' 하는 논리적 추론부터 '나라면 어떻게 했을까?' 하는 창의적 사고까지, 논술의 기초가 되는 다양한 토론 주제로 글쓰기와 함께 풍부한 이야기를 나눠보세요.

더 알아보기

함께 읽거나 보면 좋을 책, 영화 등 기사 내용과 연계된 양질의 콘텐츠를 소개합니다. 또 주제와 관련된 유튜브 영상, 집에서 직접 해볼 수 있는 활동 등을 QR코드를 활용해 바로 볼 수 있습니다. 다양한 시청각 자료로 한층 더 생생하고 깊이 있게 기사 내용을 접하며 아이가 관심 있어 하는 분야가 무엇인지 체크해보세요.

목차

들어가는 말 … 2

이렇게 활용하세요 … 4

예시 답안 QR … 8

1. 할머니 재채기에 건물이 쓰러져요 … 9
2. 프로야구 선수가 된 호주 소녀 … 15
3. 화성 탐사 로봇 퍼서비어런스 … 21
4. 입양 후 올림픽 스키 선수 되다 … 27
5. 1,800억 원보다 비싸게 팔린 피카소 그림 … 33
6. 달에서 가져온 흙에 식물이 자라요 … 39
7. 케이크 테러를 당한 모나리자 … 45
8. 필즈상을 받은 최초의 한국계 수학자 … 51
9. 실제 사람보다 더 진짜 같은 가상인간 … 57
10. 드론 배송은 중단, 로봇 배달은 확대 … 63
11. 우주망원경으로 찍은 137억 년 전 우주 … 69
12. 가족에 대한 사랑을 그린 화가 … 75
13. 강아지 코 무늬로 유기견을 줄여요 … 81

14	탈춤, 인류무형문화유산 되다	… 87
15	세계에서 가장 빠른 사족 보행 로봇	… 93
16	60억 원에 낙찰된 달항아리	… 99
17	목성으로 향하는 탐사선, 주스	… 105
18	새를 찍는 16세 사진작가	… 111
19	세계 최고 금속활자본 50년 만에 공개	… 117
20	열기구를 타고 우주 가까이 날아간다고?	… 123
21	한국어로 묻고 답하는 구글 AI 챗봇	… 129
22	이순신 장군 동상에는 한글이 없다?	… 135
23	가야의 옛 무덤, 유네스코 세계유산 되다	… 141
24	로봇이 급식실에서 치킨을 튀겨줘요	… 147
25	소싸움은 동물 학대일까?	… 153
26	제주 해녀, 세계중요농업유산 되다	… 159
27	구찌, 악어가죽 사용 당장 멈춰!	… 165
28	360도 회전 로봇, 올 뉴 아틀라스	… 171
29	인공위성에서 본 한반도의 밤	… 177
30	다시 인기를 끄는 '옛날' 선풍기	… 183

재미있는 신문 읽기, 같이 시작해볼까?

'배우기' 예시 답안은 여기서 확인할 수 있어!

1 할머니 재채기에 건물이 쓰러져요

2020년 '얼굴 없는 화가'로 불리는 뱅크시가 '에취(Aachoo!!)'라는 제목의 작품을 공개했습니다. 영국의 한 주택 벽에 두건을 쓴 할머니가 재채기하는 모습을 그려, 마치 재채기 때문에 쓰레기통과 사람이 날아가는 것처럼 연출했습니다. 벽화가 그려진 집은 경사가 22도에 달하는 오르막길에 있습니다.

집주인은 원래 집을 팔려고 내놓은 상태였는데, 이 벽화가 뱅크시의 작품인 것을 알고 난 후 매매를 취소했습니다. 또한 벽화가 훼손될까 봐 투명 보호막까지 설치했습니다. 이 집은 우리나라 돈으로 4억 3천만 원 정도였는데, 벽화의 가치는 최대 72억 원이라고 합니다.

뱅크시는 영국 출신의 그라피티(graffiti) 예술가입니다. 그라피티란 전철이나 건축물의 벽면, 터널 등에 낙서처럼 긁거나 스프레이, 페인트를 이용해 그리는 그림을 말합니다. 뱅크시는 전 세계를 돌아다니며 거리나 벽에 그림을 그리고 있습니다. 2022년에는 러시아와 전쟁 중인 우크라이나에서 포격으로 파괴된 건물에 벽화를 그리기도 했습니다. 뱅크시는 전쟁에 반대하고, 무자비한 권력자를 비판하거나 풍자하는 작품을 그리는 것으로 유명합니다.

ⓒ 뱅크시 인스타그램

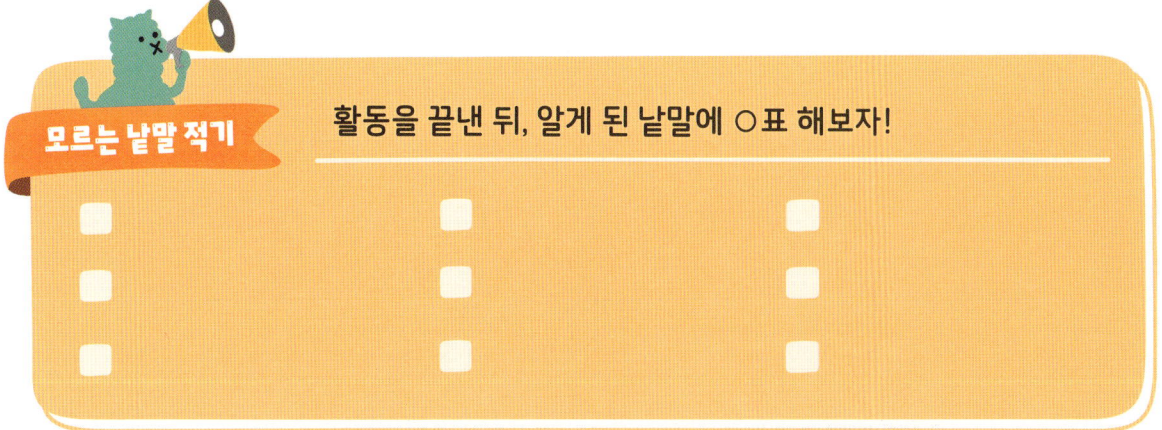

모르는 낱말 적기 활동을 끝낸 뒤, 알게 된 낱말에 ○표 해보자!

◆ 소리내어 읽었나요? ✓ | 쉬움 ←→ 어려움

 # 배우기

1 얼굴 없는

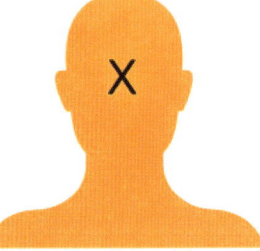 

✧ '얼굴 없는'이라는 말은

실제로 얼굴이 없다는 말이 아니라   어떻게 생겼는지 알려지지 않았다는 거야.

그럼 뜻에 알맞게 선을 이어볼래?

얼굴 없는 가수 •	• 얼굴을 드러내지 않고 활동하는 가수
얼굴 없는 천사 •	• 남몰래 기부를 하고 간 사람

2 그라피티(graffiti)

✧ 길거리 여기저기 벽면에 낙서처럼 그리거나 스프레이로 페인트를 내뿜어서 그리는 그림을 그라피티라고 해.

3 각도

✧ 무언가가 기울어진 정도는 바닥(수평면)을 기준으로 체크해.
이 정도를 '각도'라고 표현하지.

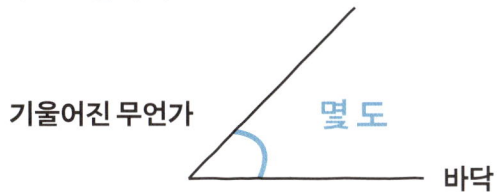

노란 네모가 바닥이라고 했을 때, 각도기에 바닥으로부터 22도 기울어진 선을 그려볼래?

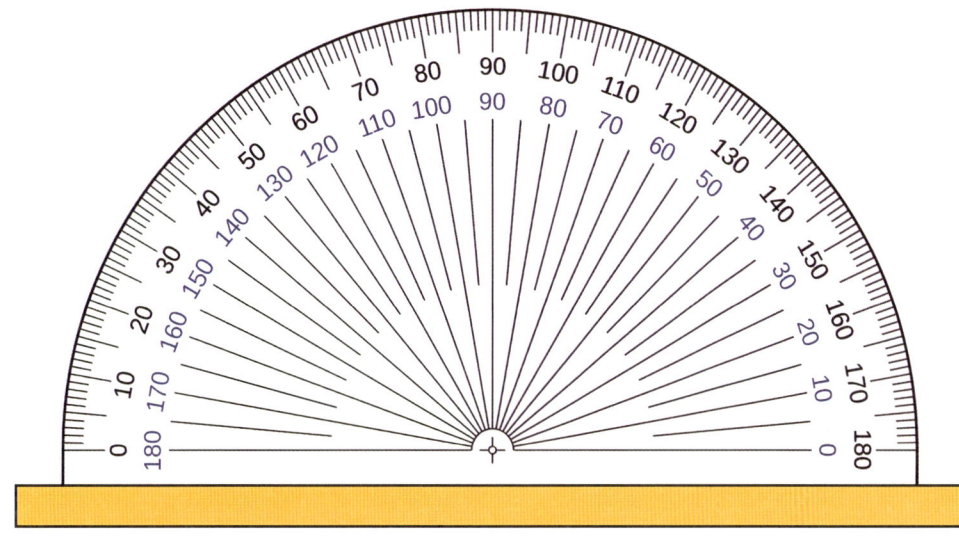

4 최

가장 최

✧ '최'는 '가장', '제일', '으뜸'이라는 뜻을 가지고 있어.
그럼 다음 낱말은 무슨 의미일까?

최대 ⇨ [   ]

✧ '최'로 시작하는   ⇨
낱말을 더 찾아봐.

써보기

단어장

두건
頭 머리 두 巾 수건 건
헝겊 등으로 만들어서 머리에 쓰는 물건을 통틀어 이르는 말

매매
賣 팔 매 買 살 매
물건을 팔고 사는 일

포격
砲 대포 포 擊 칠 격
대포에 의한 공격

연출
演 펼 연 出 날 출
어떤 상황이나 상태를 만들어 냄

훼손
毀 헐 훼 損 덜 손
헐거나 깨뜨려 못 쓰게 만듦

무자비
無 없을 무 慈 사랑 자 悲 슬플 비
사정 없이 냉혹함

 이번 뉴스는 어떤 내용을 담고 있니? 짧게 써볼래?

네가 살고 있는 집 벽에 뱅크시가
그림을 그리고 사라진다면
기분이 어떨 것 같아?
그리고 앞으로 집을 어떻게 할 거야?

 뱅크시는
어떤 성격인 것 같아?

아래는 뱅크시가 우크라이나에서 그린 그림들이야.
뱅크시가 왜 이런 그림을 그렸을지 상상하면서
각각의 작품에 제목을 달아줄래?

더 알아보기

Tip

◇ **뱅크시**

뱅크시가 '얼굴 없는 예술가'라고 불리는 이유는 길거리에 그림 그리는 그의 모습을 아무도 보지 못했기 때문이야.
사실 뱅크시는 허락 없이 길거리나 건물을 그림을 그리기 때문에 불법을 저지르고 있는 셈이야. 그래서 걸려서 잡혀가지 않도록 항상 재빨리 그림을 그리고 사라진대.

뱅크시
인스타그램

Video

◇ **15억 원 그림을 찢어버린 예술가, 뱅크시는 누구인가?**

뱅크시의 작품 세계 및 예술관까지 잘 담아낸 영상이야.

◇ **어쩐지 뱅크시 작품 같았는데… 우크라이나에 벽화 그린 뱅크시**

뱅크시가 우크라이나에 남긴 그림들에 대한 이야기야. 뱅크시는 SNS에 그것들이 자신의 그림임을 인증했다고 해.

2. 프로야구 선수가 된 호주 소녀

날짜   년   월   일

프로야구 리그에서 뛰고 있는 선수들은 모두 남자이지만, 호주 프로야구 리그(ABL)에 여자 선수가 등장해 화제가 되었습니다. 프로야구가 남자들만의 스포츠라는 편견을 깬 선수는 바로 17세의 제너비브 비컴(멜버른 에이시스)입니다.

왼손 투수인 비컴은 여성으로는 최초로 호주 프로야구 리그에 참가한 선수입니다. 비컴은 지난 2022년 1월 8일, 코로나19 사태로 인해 정규 시즌이 열리지 않아 특별 이벤트로 호주 멜버른 볼파크에서 개최된 애들레이드 자이언츠와의 경기에 등판했습니다. 멜버른 에이시스가 0 대 4로 지고 있던 6회 초에 등장하여 1이닝 동안 볼넷 1개만 내주며 실점하지 않았습니다. 또 최고 시속 130킬로미터로 공을 던져 사람들에게 놀라움을 안겨주었습니다. 비컴은 남자들만의 무대에서 큰 활약을 하며 박수갈채를 받았습니다.

메이저리그 출신인 피터 모일런 감독은 "비컴은 멜버른 팀의 에이스가 될 수 있는 투수"라고 극찬했습니다. 데뷔전을 마친 비컴은 여자 프로야구 선수를 꿈꾸는 이들을 향해 "간절하게 원하고 노력하면 분명히 성공할 수 있다. 당신도 할 수 있다"라고 전했습니다.

ⓒ 멜버른 에이시스 SNS

모르는 낱말 적기 — 활동을 끝낸 뒤, 알게 된 낱말에 ○표 해보자!

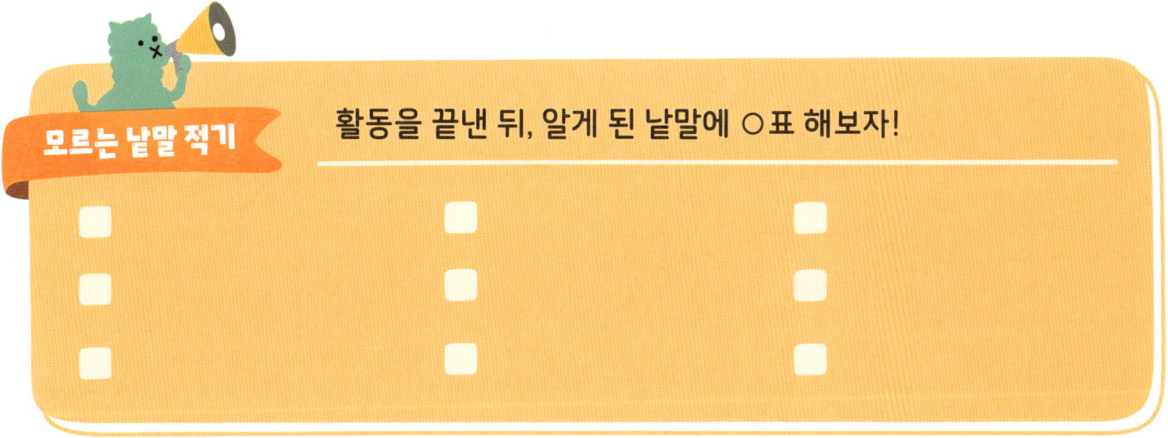

◇ 소리내어 읽었나요? ✓   쉬움 ←→ 어려움

배우기

1 호주 야구 리그

◆ 호주 야구 리그의 정식 이름은 '오스트레일리아 야구 리그'야.
영어로는 아래와 같아.

Australian **B**aseball **L**eague

호주 야구 리그를 줄여서 어떻게 말할까? ⇨ ☐☐☐

2 편견

◆ '편견'이란 한쪽으로 치우친 의견이나 견해를 가진 태도를 뜻해.
다음 직업들을 보고 여자에게 더 어울리는 직업에는 ○표,
남자에게 더 어울리는 직업에는 △표 해봐.

경찰   무용수   소방관   작가
간호사
         화가   요리사   헬스트레이너
환경미화원
         방송PD   군인   경호원

어때? 성별에 따라 어울리는 직업이 다른 것 같니?
직업에 각각 ○표나 △표를 했다면 그건 너의 편견일 수 있어.
성별에 따라 더 어울리는 직업은 없단다.

3 야구

♦ 야구는 10명으로 이루어진 두 팀이 공격과 수비를 아홉 번(회)씩 번갈아 가며 해서, 점수를 많이 내는 팀이 이기는 게임이야.
아홉 번의 공격과 아홉 번의 수비 중 한 번을 1이닝이라고 해. '이닝=회'인 셈이지.
공격 팀의 타자는 수비 팀의 투수가 던진 공을 방망이로 치고, 날아간 공이 돌아오기 전에 경기장을 돌아 홈으로 돌아오면 1점을 얻어.

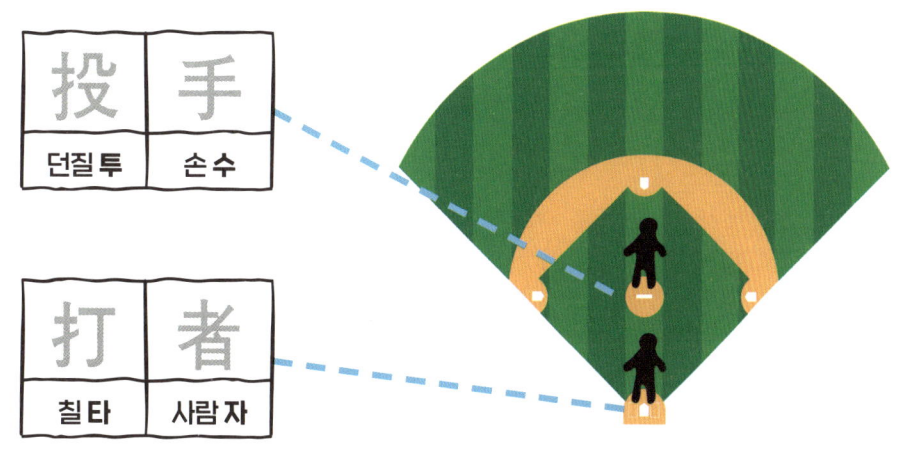

투수가 타자가 칠 수 없는 나쁜 볼을 네 개 던지면 '볼넷'이라고 해.

반대로 타자가 칠 수 있는 좋은 공을 던지면 '스트라이크'야.

4 시속

♦ 1시간을 단위로 하여 잰 속도를 '시속'이라고 해. 1시간 동안 이동한 거리로 나타내지.

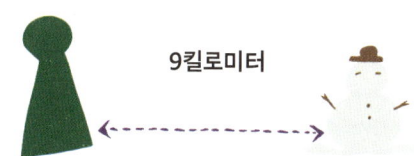

그렇다면 시속 130킬로미터는 1시간 동안 얼마나 간다는 뜻일까?

⇨ [　　　　]

시속 3킬로미터로 눈사람까지 간다면 몇 시간이 걸릴까?

⇨ [　　　　]

써보기

단어장

리그
league
야구, 축구, 농구 등의 스포츠 경기를 벌이는 대전 방식의 하나

등판
登 오를 등 板 널빤지 판
야구에서 투수가 마운드에 서는 일

극찬
極 극진할 극 讚 기릴 찬
매우 칭찬함

정규 시즌
正 바를 정 規 법 규 + season
프로 스포츠에서 공식 경기가 진행되는 기간

에이스
ace
야구에서 팀의 주전 투수를 이르는 말

데뷔전
debut + 戰 싸움 전
데뷔 : 일정한 활동 분야에 처음으로 등장하는 것
데뷔전 : 처음으로 치르는 경기

 이번 뉴스는 어떤 내용을 담고 있니? 짧게 써볼래?

이 기사의 주인공 비컴은
왜 박수갈채를 받았을까?

너는 깨고 싶은 편견이 있니?

비컴은 "간절하게 원하고 노력하면
분명히 성공할 수 있다"라고 했지.
지금 네가 가장 간절히 원하는 건 뭐야?
그걸 이루려면 어떤 노력을 해야 할까?

더 알아보기

Book

◇ **어려울 줄 알았는데 재밌어! 야구 만화 도감**

익뚜 글·그림 | 후즈갓마이테일 | 280쪽 | 18,000원

야구가 처음이라면 쉽고 재미있게 이해할 수 있고, 익숙하다면 규칙과 정보를 더 깊게 익힐 수 있는 만화 도감이야.

Video

◇ **Genevieve Beacom Professional Debut Highlights**

유튜브 채널 : Melbourne Aces

비컴의 경기 모습을 담은 영상이야. 멋진 커브를 선보이는 모습을 볼 수 있어.

◇ **야구 규칙 깔끔하게 정리해드립니다 | 야구, 너두 볼 수 있어**

유튜브 채널 : 체인지

야구 경기 규칙과 용어 등을 쉽게 설명하는 영상이야.

| 날짜 | 년 | 월 | 일 |

화성 탐사 로봇 퍼서비어런스

2024년 2월 나사(NASA, 미국항공우주국)가 발사한 화성 탐사 로봇 '퍼서비어런스(Perseverance)'의 그림자 사진이 포착되었습니다. 퍼서비어런스는 지난 2020년 7월 발사되어 이듬해인 2021년 2월 화성에 도착했습니다. 착륙 지점은 예제로 분화구로, 이곳에 있는 부채꼴 모양의 삼각주는 수십억 년 전 강물이 흘러 퇴적물이 쌓인 것으로 추정되는 곳입니다. 토머스 주부첸 나사 부국장은 이곳이 "고대 생명체의 흔적을 찾기에 가장 적합한 곳 중 하나"라고 말했습니다.

퍼서비어런스의 주요 임무는 화성에서 고대 생명체의 흔적을 찾는 것입니다. 퍼서비어런스는 지난 3년여 동안 화성 표면을 탐사하며 로봇팔과 드릴을 이용해 암석에 직접 구멍을 뚫어 암석 표본을 수집해왔습니다. 나사에 따르면 퍼서비어런스는 자율 주행 시스템의 도움을 받아 위험물을 피하고, 한 번 주행할 때마다 평균 211미터씩 이동했다고 합니다.

나사는 채취한 암석 표본 30개 이상을 2040년까지 지구로 가져올 예정입니다. 이것을 분석해 화성의 지질학적 비밀을 풀고 생명체의 흔적도 발견할 수 있을 것으로 기대하고 있습니다.

ⓒ NASA

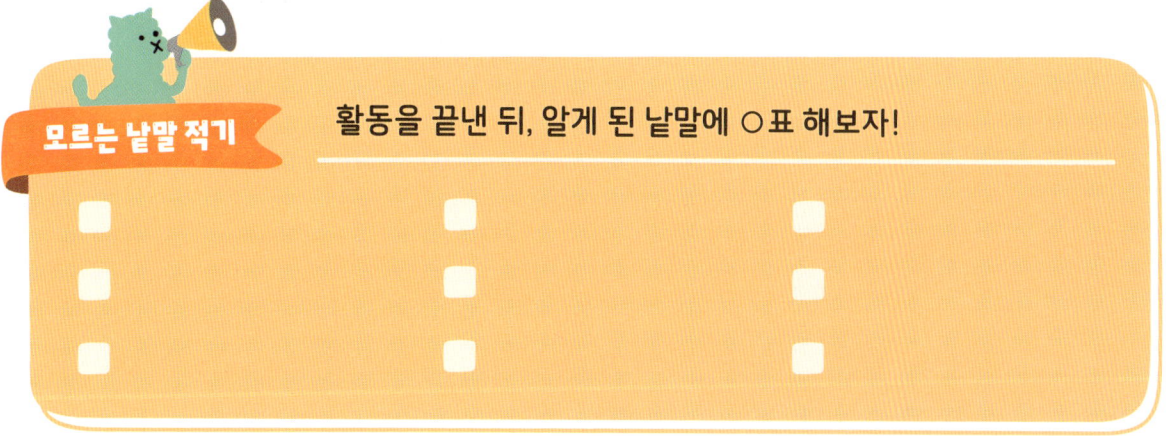

모르는 낱말 적기 — 활동을 끝낸 뒤, 알게 된 낱말에 ○표 해보자!

◇ 소리내어 읽었나요? ✓   쉬움 ←→ 어려움

배우기

1 미국항공우주국

◇ 미국항공우주국은 우주 공간에 대해 과학적인 연구를 하고 개발 계획을 세워 실행하는 미국의 국가 기관이란다.

National	Aeronautics	and	Space	Administration
미국(국가)	항공	그리고	우주	관리

◇ 미국항공우주국을 줄여서 뭐라고 할까? ⇨ ☐☐☐☐

2 삼각주

◇ 강물을 따라 운반되어 온 모래나 진흙이 강 아래에서 바다를 만나 쌓이면 삼각형의 땅 모양이 만들어지게 되거든. 이런 걸 '삼각주'라고 해.

◇ 퍼서비어런스가 착륙한 예제로의 모습이야. 너도 삼각주를 찾아 ○표 해봐.

3 퍼서비어런스

◆ 2020년 7월 30일에 발사되어 2021년 2월 18일 화성에 착륙한 화성 탐사 로봇이야.

이 로봇은 화성에서 어떤 일을 할까?
퍼서비어런스가 해야 할 일이라는 생각이 들면 오른쪽 네모 박스에 체크해봐.

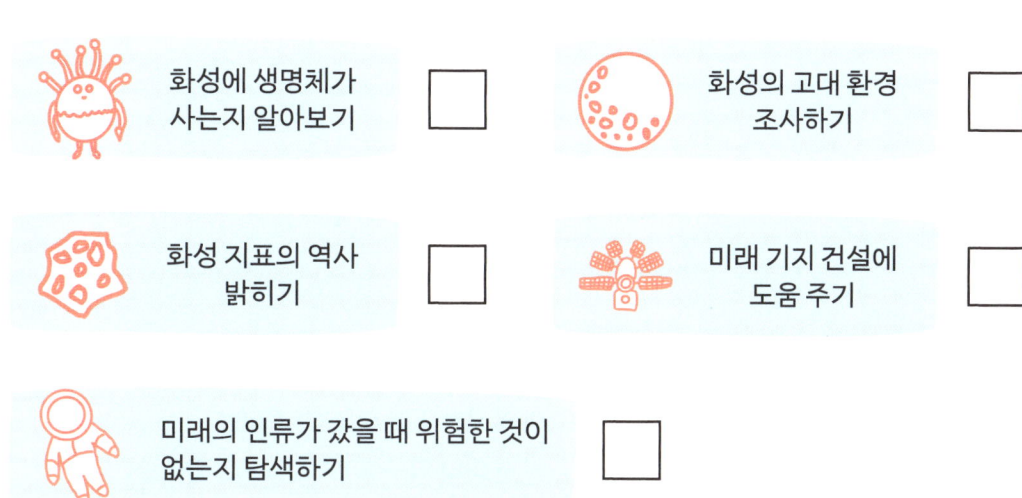

- 화성에 생명체가 사는지 알아보기 ☐
- 화성의 고대 환경 조사하기 ☐
- 화성 지표의 역사 밝히기 ☐
- 미래 기지 건설에 도움 주기 ☐
- 미래의 인류가 갔을 때 위험한 것이 없는지 탐색하기 ☐

4 표본

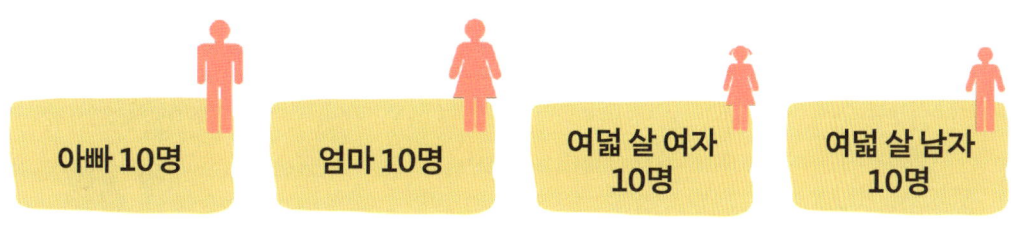

아빠 10명 · 엄마 10명 · 여덟 살 여자 10명 · 여덟 살 남자 10명

◆ 위와 같이 아빠, 엄마, 아이들을 모아 '집에서 무엇을 하고 노는지' 조사했다고 하자. 조사 결과를 보면 우리는 아빠, 엄마, 아이들이 대체로 집에서 어떤 놀이를 하는지 알 수 있게 되지.

이렇게 '표본'은 커다란 집단 속에서 일부를 뽑아내 조사해서 본래의 집단이 어떤 성질을 가지고 있는지 추측할 수 있도록 해주는 통계 자료야.

써보기

단어장

탐사
探 찾을 탐 査 조사할 사
알려지지 않은 사물이나 사실 등을 샅샅이 더듬어 조사함

퇴적물
堆 쌓을 퇴 積 쌓을 적 物 물건 물
암석의 파편이나 생물의 유해 등이 물, 빙하, 바람, 중력 등의 작용으로 운반되어 땅 표면에 쌓인 물질

추정
推 밀 추 定 정할 정
미루어 생각하여 판정함

수집
蒐 모을 수 集 모을 집
취미나 연구를 위하여 여러 가지 물건이나 재료를 찾아 모음

채취
採 캘 채 取 가질 취
풀, 나무, 광석 등을 찾아 베거나 캐서 얻어 냄

지질학
地 땅 지 質 바탕 질 學 배울 학
지구의 구성 물질, 형성 과정, 과거에 살았던 생물 등을 연구하는 학문

 이번 뉴스는 어떤 내용을 담고 있니? 짧게 써볼래?

아주 예전에 화성은 어떤 모습이었을까? 상상해서 써봐.

화성 탐사선 퍼서비어런스가 더 해줬으면 하는 일이 있니?

만약 네가 화성에 갈 수 있다면 무엇을 해보고 싶니?

더 알아보기

Video

◇ **흔한 화성 탐사 로봇이 화성 돌부리에 걸렸을 때 대처법**

유튜브채널 : 사피엔스 스튜디오

과학탐험가가 화성 탐사 로봇에 대한 재미있는 이야기를 들려주는 영상이야.

◇ **제5대 화성 탐사 로버 퍼서비어런스 집중 분석, 착륙/장비/임무**

유튜브 채널 : 북툰

퍼서비어런스의 역할, 기능뿐만 아니라 화성에 대해서도 매우 상세하게 설명한 영상이야.

◇ **퍼서비어런스의 화성 탐사 1년 – 어떤 발견이 있었을까?**

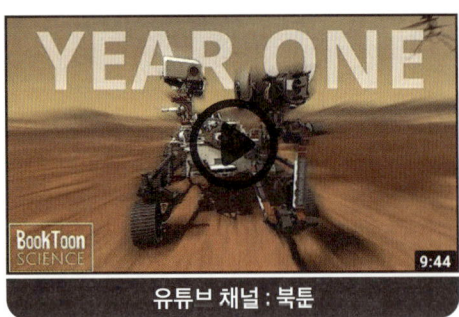
유튜브 채널 : 북툰

퍼서비어런스의 화성 탐사 1주년을 맞아 제작한 중간 점검 영상이야.

입양 후 올림픽 스키 선수 되다

2022년 베이징 동계올림픽에는 전 세계에서 약 2천900명의 선수가 참가했습니다. 그 중 유난히 화제가 된 선수가 있습니다. 중앙아메리카 카리브해의 작은 섬나라 아이티에서 처음으로 동계올림픽에 출전한 선수인 리처드슨 비아노(당시 20세)입니다.

아이티에서 태어난 비아노는 3살 때 프랑스에 사는 이탈리아 가족에게 입양되었습니다. 연중 평균 기온이 25도를 웃도는 아이티에서 자랐다면 스키를 접하기 어려웠겠지만, 비아노는 스키장에서 일하던 부모님 덕분에 일찍부터 스키를 타게 되었습니다. 마침내 스키 선수가 된 비아노에게 2019년 아이티 스키 협회는 아이티 국적의 스키 선수로 활동해 달라는 제안을 했고, 그는 이를 받아들여 귀화했습니다. 올림픽 개회식에서 아이티 선수단의 기수를 맡은 비아노는 알파인 스키 종목에 출전해 출전 선수 88명 중 34위에 올랐습니다. 이는 아이티의 동계올림픽 첫 출전 기록이기도 합니다. 그는 "아이티 국적을 다시 얻은 후 나의 성공한 모습을 보여주고 싶었고, 다음 세대에게 꿈을 심어주고 싶었다"라고 말했습니다. 비아노처럼 다양한 사연을 가진 선수들이 참여하는 올림픽은 지구촌의 스포츠 대축제입니다.

© olympics.com

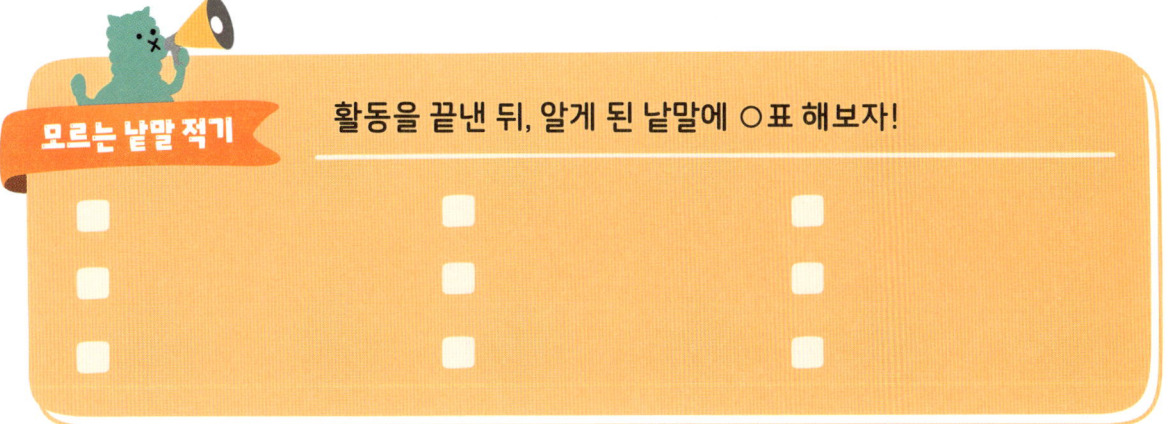

모르는 낱말 적기 활동을 끝낸 뒤, 알게 된 낱말에 ○표 해보자!

◈ 소리내어 읽었나요? ✓

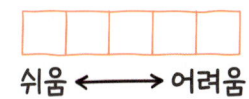

쉬움 ⟵ ⟶ 어려움

배우기

1 아이티

♦ 카리브해의 중앙에 있는 히스파니올라섬의 서부에 있는 나라야.

2 입양

♦ 친자식이 아닌 아이를 데려와 자신의 자식으로 삼는 일을 '입양'이라고 해.

'가족'의 형태는 매우 다양하단다.
입양 가족 또한 다양한 가족의 형태 중 하나인 셈이야.

3 동계올림픽

◆ 동계올림픽의 종목에 무엇무엇이 있는지 알고 있니?
베이징 동계올림픽 조직위원회에서 공개한 종목별 픽토그램이 있어.

> 픽토그램(pictogram)은 사물, 행위 등을 상징화한 그림문자야.

'알파인 스키' 종목을 나타낸 픽토그램을 찾아볼래?
(알파인 스키는 국내 스키장에서 타는 일반적인 스키 같은 거야!)

4 기수

◆ 행사 때 대열의 앞에 서서 깃발 드는 일을 맡은 사람을 '기수'라고 한단다. 올림픽에서의 기수는 개막식 때 자기 나라 국기를 들고 입장하는 사람을 말해.

써보기

단어장

유난히
언행이나 상태가 보통과 아주 다름
(또는 두드러지게 남과 달라 예측할 수 없음)

출전
出 날 출 戰 싸움 전
시합이나 경기 등에 나감

귀화
歸 돌아갈 귀 化 될 화
다른 나라의 국적을 얻어 그 나라의
국민이 됨

화제
話 말씀 화 題 제목 제
이야기할 만한 재료나 소재

연중
年 해 년(연) 中 가운데 중
한 해 동안

지구촌
地 땅 지 球 공 구 村 마을 촌
지구 전체를 한 마을처럼 여겨 이르는 말

 이번 뉴스는 어떤 내용을 담고 있니? 짧게 써볼래?

비아노 선수가 스키를 접하게 된 이유는 무엇이었지?

만약 네가 올림픽에 선수로 출전한다면 어떤 종목들을 고를 거야?

비아노 선수는 원래 아이티에서 태어났지만 프랑스에 입양되어 프랑스 국적으로 살았어.

아이티의 스키 국가대표가 되어달라는 제안을 받았을 때 비아노 선수는 어떤 생각을 했을까?

더 알아보기

Tip

◇ **동계올림픽 종목**

각각의 픽토그램이 나타내는 종목이야.

쇼트트랙	스피드 스케이팅	피겨 스케이팅	아이스하키	컬링	알파인 스키

스키점프	크로스 컨트리	노르딕 복합	프리스타일 에어리얼	프리스타일 모굴	프리스타일 크로스	프리스키 슬로프스타일	프리스키 하프파이프

프리스키 빅에어

스노보드 패러렐/슬라롬	스노보드 크로스	스노보드 슬로프스타일	스노보드 하프파이프	스노보드 빅에어	봅슬레이	스켈레톤	루지

바이애슬론

Video

◇ **"첫 출전합니다" 아이티, 국민들 희망으로 당당히!**

 동계올림픽에 첫 출전하는 아이티 선수단 모습을 담은 영상이야.

◇ **너 버려진 애야? - 입양인이 말하는 입양인**

 다양한 입양인들의 이야기를 담은 영상이야. 입양에 대한 편견을 깰 수 있을 거야.

1,800억 원보다 비싸게 팔린 피카소 그림

2023년 11월, 스페인의 화가 파블로 피카소의 작품이 소더비 경매에 나왔습니다. 낙찰가는 무려 1억 3,930만 달러(약 1,820억 원)였습니다. 그해 전 세계 경매에서 가장 높은 가격이자, 역대 피카소의 작품 중 두 번째로 높은 가격입니다.

피카소(1881~1973년)는 사물을 있는 그대로 그리지 않고 여러 각도에서 바라본 입체적 모습을 표현한 입체주의의 대표 화가로, 평생 1만여 점 이상의 작품을 남겼습니다. 이번 소더비 경매에 나온 작품의 제목은 '시계를 찬 여인'(1932년 작)으로, 피카소의 연인이었던 마리 테레즈 발테르의 모습을 추상적으로 표현한 초상화입니다.

피카소와 발테르는 1927년 파리에서 처음 만났습니다. 이때 피카소는 마흔다섯 살이었고, 발테르는 열일곱 살이었습니다. 피카소가 발테르에게 그림의 모델이 되어 달라고 제안했고, 이후 이들은 연인 사이가 되었습니다. 발테르의 모습을 묘사한 피카소의 그림 '누드, 관엽식물과 흉상'은 2010년 크리스티 경매에서 당시 미술 작품 경매 사상 최고액인 1억 640만 달러(약 1,365억 원)에 낙찰되기도 했습니다.

ⓒ AFP연합뉴스

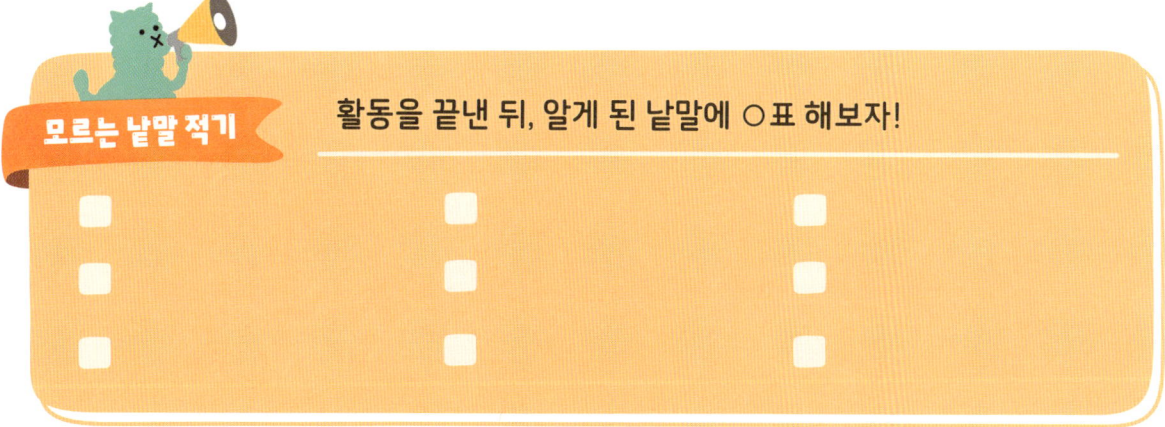

배우기

1 초상화

肖	像	畫
닮을 초	모양 상	그림 화

◇ 사람의 얼굴을 중심으로 그린 그림을 '초상화'라고 해.

◇ 아래 네 그림은 아주 유명한 화가의 작품이야. 다음 중 초상화라고 생각하는 그림을 모두 골라서 체크해볼래?

☐ 빈센트 반 고흐
<별이 빛나는 밤>

☐ 요하네스 베르메르
<진주 귀걸이를 한 소녀>

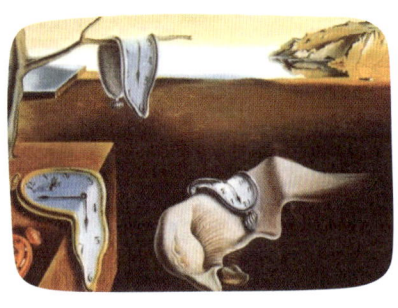

☐ 살바도르 달리
<기억의 지속>

☐ 레오나르도 다 빈치
<모나리자>

34

2 경매

競	賣
다툴 경	팔 매

✧ '경매'란 물건을 사려는 사람이 여럿일 때 값을 가장 높이 부르는 사람에게 파는 일을 뜻해.

네가 가진 물건 중 가족들에게 팔아도 되는 걸 가져와서 가족들이 각각 얼마에 살 건지 조사해봐. 그리고 가장 높은 값을 부른 사람에게 팔아볼까?

판매 물건:

가족 이름	예) 엄마			
사고자 하는 금액	1,000원			

3 입체주의

✧ 입체주의는 1900년부터 1914년까지 프랑스 파리에서 일어난 미술 혁신 운동이자 예술 운동이야. 큐비즘(Cubism)이라고도 하지. 이전까지는 사물의 멀고 가까움, 밝고 어두움을 최대한 잘 표현해서 그림을 그렸다면, 이 시기에는 좀 더 추상적이고 실험적인 그림이 나왔어. 입체주의를 대표하는 화가로는 피카소, 브라크 등이 있단다.

파블로 피카소
<누워 있는 벌거벗은 여인>

조르주 브라크
<악사들>

써보기

단어장

연인
戀 그리워할 련(연) 人 사람 인
서로 연애하는 관계에 있는 두 사람

추상적
抽 뽑을 추 象 코끼리 상 的 과녁 적
어떤 사물이 직접 경험하거나 지각할 수 있는 일정한 형태와 성질을 갖추고 있지 않은 것

묘사
描 그릴 묘 寫 베낄 사
어떤 대상이나 사물, 현상 등을 언어로 서술하거나 그림을 그려서 표현함

흉상
胸 가슴 흉 像 모양 상
사람의 모습을 가슴까지만 표현한 그림이나 조각

낙찰
落 떨어질 락(낙) 札 편지 찰
경매나 경쟁 입찰 등에서 물건이나 일이 어떤 사람이나 업체에 돌아가도록 결정하는 일

 이번 뉴스는 어떤 내용을 담고 있니? 짧게 써볼래?

이것도 피카소가 발테르를 그린 그림이야.
네가 보기에 이 그림은
무엇을 그린 것 같아?
너만의 느낌과 생각을 써볼래?

만약 네가 피카소라면
누구를 모델로 해서
그림을 그리고 싶어?
그 이유는 무엇이니?

이 그림이 2010년에
약 1,365억 원에 판매된
피카소의 그림,
'누드, 관엽식물과 흉상'이야.

피카소의 그림은 왜 이렇게 비싸게 팔리고
사람들의 사랑을 받을까? 네 생각을 써봐.

더 알아보기

Video

◇ **치열한 눈치싸움, 미술품 경매장의 모든 것을 알려드림**

 경매장의 룰, 경매장에서 생긴 재미있는 일화 등 그림 경매에 대해 상세히 설명한 영상이야.

유튜브 채널 <14F 일사에프>

◇ **피카소, 20세기를 대표하는 천재 화가!**

 20세기 천재 화가이자 입체주의의 거장, 파블로 피카소를 잘 설명한 영상이야.

유튜브 채널 <함쌤의 잡학사전>

◇ **입체파 미술, 홍대 이작가가 쉽게 알려드립니다**

 입체주의를 발전시킨 피카소와 브라크에 대해 설명한 영상이야.

유튜브 채널 <미술 이야기 테이크 아트>

달에서 가져온 흙에 식물이 자라요

과학자들이 달에서 가져온 흙에서 식물을 싹 틔우는 데 처음으로 성공했습니다. 미국 플로리다대학교의 농업과학연구소는 "달 탐사선 아폴로호가 달에서 채취해 온 흙에 애기장대 씨앗을 심어 자라게 하는 데 성공했다"라고 전했습니다.

연구진은 손가락 굵기의 용기에 달의 토양을 0.9그램씩 넣은 뒤 5밀리미터 깊이에 '애기장대' 씨앗을 심은 후 물과 영양분을 공급했습니다. 실험 결과를 비교하기 위해 지구의 화산재에도 똑같이 애기장대 씨앗을 심었습니다. 놀랍게도 애기장대는 달 토양에서 성공적으로 싹을 틔웠습니다. 물과 영양분만 공급된다면 달에서도 농작물 재배가 가능하다는 것을 입증한 셈입니다.

하지만 달 토양에서 싹을 틔운 애기장대는 화산재에 심은 것보다 성장 속도가 더뎠습니다. 뿌리가 깊이 자라지 못했으며 잎에는 붉은 반점들이 나타나기도 했습니다. 이것은 식물이 새로운 환경에서 자라면서 스트레스를 받을 때 나타나는 현상이라고 합니다. 연구진은 앞으로도 계속해서 달 토양에서 성공적으로 식물을 재배하기 위한 연구를 해나갈 것이라고 밝혔습니다.

ⓒ NASA

모르는 낱말 적기 — 활동을 끝낸 뒤, 알게 된 낱말에 ○표 해보자!

◇ 소리내어 읽었나요? ✓ | 쉬움 ← → 어려움

배우기

1 애기장대

◆ 다 자랐을 때 작고 하얀 꽃을 피우는 식물이야. 꽃대가 길어서 이름에 '장대'가 들어갔지.

애기장대는 생장 주기가 4~6주 정도로 매우 짧아서 다른 식물에 비해 빠른 속도로 연구를 할 수 있어. 그래서 '모델생물'로 많이 키운단다.

모델생물

특정한 생물학적 현상을 이해하기 위하여 연구에 사용하는 생물.
다른 생물들에 비해 그 구조가 간단하고, 사육 및 재배가 쉽다.

2 십자낱말 퀴즈

◆ 퀴즈 속 낱말들은 신문기사 속에 나온단다.
힌트를 보고 무엇일지 잘 생각하여 답을 찾아보자!

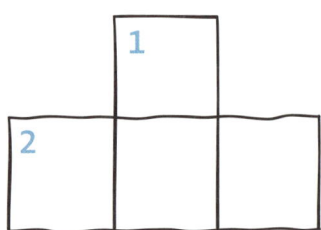

힌트1
흙을 뜻하는 낱말이야.
모래와 점토가 알맞게 섞인 흙을 말하지.
한자로는 '土壤'이란다.

힌트2
생물이 살아가려면 에너지가 필요해.
또 몸을 구성하는 성분도 필요하지.
이런 걸 '영양'이라고 하는데,
영양이 되는 성분을 뜻하는 말이야.

3 밀리미터(mm)

✧ 밀리미터(millimeter)는 길이의 단위야. 기호로는

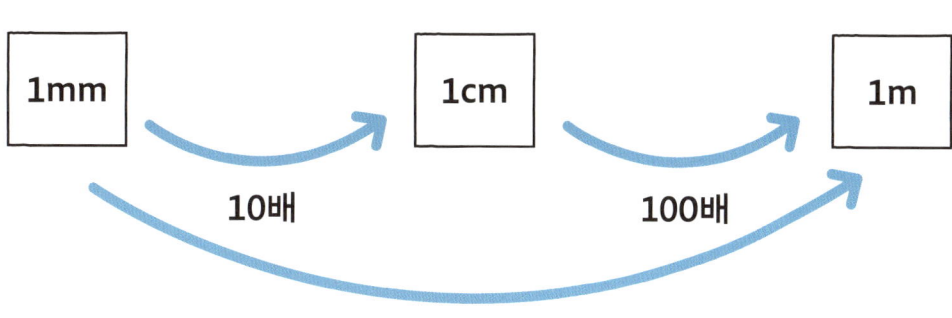

✧ 센티미터와 미터 외에 킬로미터(kilometer)도 있단다. 기호로는 'km'.

| 1미터(m) | = | 1킬로미터(km)를 1000개로 나눴을 때 그 중 하나 |

| 1000미터(m) | = | 1킬로미터(km) |

✧ 일반적으로 자는 센티미터 기준으로 표시되어 있어.
아래에서 5밀리미터, 12밀리미터를 찾아 표시해볼래?

```
|  |  |  |  |  |  |  |  |  |  |  |  |  |  |  |  |  |  |  |  |  |
0                            1cm                           2cm
```

4 채취

✧ 풀, 나무, 광석 등을 찾아 베거나 캐서 얻어내는 일을 '채취'라고 해.
만약 네가 달에 간다면 무엇을 채취해 오고 싶어?

써보기

단어장

탐사선
探 찾을 탐 査 조사할 사 船 배 선
우주 공간에서 지구나 다른 행성들을 탐사하기 위해 쏘아 올린 비행 물체

용기
容 얼굴 용 器 그릇 기
물건을 담는 그릇

공급
供 이바지할 공 給 줄 급
요구나 필요에 따라 물품 등을 제공함

재배
栽 심을 재 培 북돋울 배
식물을 심어 가꿈

입증
立 설 립(입) 證 증거 증
어떤 증거 등을 내세워 증명함

반점
斑 아롱질 반 點 점 점
동식물 등의 몸에 박혀 있는 얼룩얼룩한 점

 이번 뉴스는 어떤 내용을 담고 있니? 짧게 써볼래?

과학자들은 왜 이런 실험과 연구를 한 걸까?

애기장대 씨앗이
달에서 가져온 흙에서
비교적 잘 자라지
못한 이유가 뭘까?

달에서 식물을
키울 수 있다면 너는
어떤 식물을 키우고 싶니?
그 이유는?

더 알아보기

Video

◇ **식물계의 슈퍼모델, 애기장대**

식물학자들이 애기장대로 연구하는 이유에 대해 재밌게 설명한 영상이야.

◇ **길이의 정의 / 길이 단위 / 길이 나타내기**

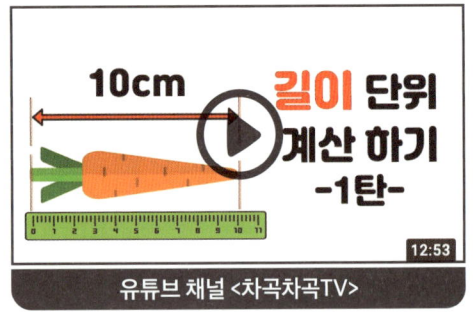

길이란 무엇이고, 길이의 단위에는 어떤 것이 있는지 등을 설명한 영상이야.

◇ **'아폴로 11호' 달착륙 50주년... 여전한 조작설 '팩트체크' 해봤더니**

아폴로호의 달 착륙이 조작이라는 여러 의혹들에 대해 설명하는 영상이야.

케이크 테러를 당한 모나리자

2022년 5월, 프랑스 파리의 루브르 박물관에서 한 남성이 '모나리자' 그림을 향해 생크림 케이크를 던지는 테러를 저질렀습니다. 모나리자는 1500년대 이탈리아의 유명한 예술가 레오나르도 다 빈치의 작품으로, 관광객들이 루브르 박물관에서 가장 관람하고 싶어하는 그림이기도 합니다.

당시 이 남성은 가발을 쓰고 휠체어에 탄 할머니로 위장했습니다. 남성은 휠체어에서 일어나 모나리자를 둘러싸고 있는 방탄 유리를 부수려 하더니 그림을 향해 생크림 케이크를 던졌고, 공중에 장미꽃을 뿌렸습니다. 다행히도 그림은 훼손되지 않았습니다. 이 남성은 박물관 경비원들에게 붙잡혀 끌려 나가면서 "지구를 생각하라"라고 외쳤다고 합니다. 하지만 정확한 범행 동기는 알려지지 않았습니다.

1조 원이 넘는 가치를 지녔다고 평가받는 모나리자는 여러 차례 수난을 겪어 왔습니다. 1911년에는 한 이탈리아인이 그림을 훔쳐갔습니다. 1956년에는 한 남성이 황산을 뿌렸고, 또 다른 사람은 돌을 던져 그림을 훼손시켰습니다. 가장 최근인 2024년 2월에는 프랑스 환경 운동가들이 모나리자에 수프를 끼얹기도 했습니다.

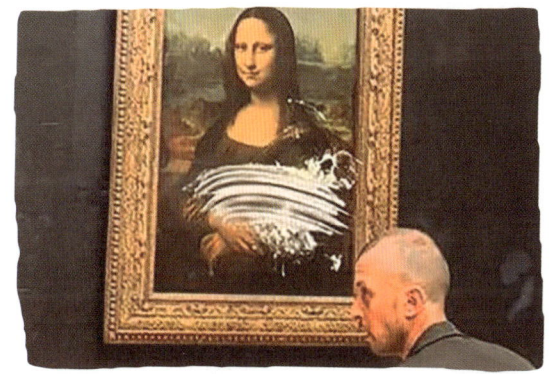

ⓒ Newslanes

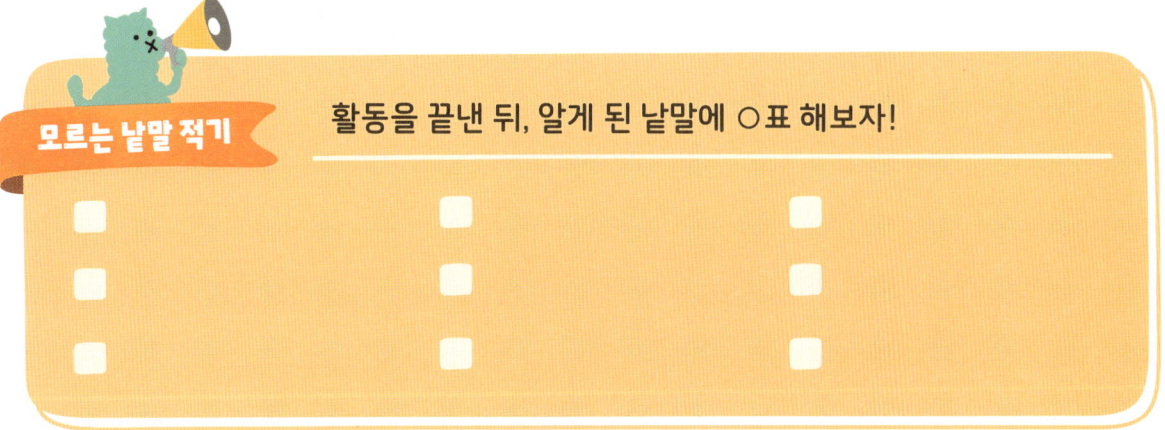

모르는 낱말 적기 활동을 끝낸 뒤, 알게 된 낱말에 ○표 해보자!

✧ 소리내어 읽었나요? ✓

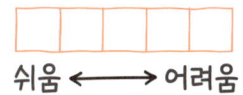

쉬움 ← → 어려움

배우기

1 레오나르도 다 빈치

◇ 레오나르도 다 빈치(Leonardo da Vinci, 1452~1519)는 이탈리아를 대표하는 인물이야. 화가이자 조각가, 발명가, 건축가, 해부학자, 지리학자이기도 했지.
워낙 다양한 학문에 천재성을 드러냈기에 '역사상 가장 창의적인 인물'로 인정받고 있어.

2 테러

t e r r o r

◇ '테러'는 '공포', '무서운 일', '두려운 일'이라는 뜻이지만 요즘에는 '사회, 정치적 이유로 폭력을 가하여 커다란 관심을 불러일으키는 파괴 행위'라는 의미로 쓰이곤 해. 아래 두 가지는 세계적인 테러 사건이야.

<9·11 테러>

2001년 9월 11일 화요일 자살 폭탄 테러범들에 의해 납치된 미국 여객기가 고층 빌딩 두 곳에 충돌하여 수천 명이 목숨을 잃은 일이 있었어.

<보스턴 테러>

2013년 4월 15일 미국 매사추세츠 주에서 열린 보스턴마라톤 대회 결승점 근처에서 폭발 테러가 일어났어.
이때도 많은 사람들이 다쳤단다.

3 모나리자

◆ 레오나르도 다 빈치가 1503~1506년에 그린 그림이야. 그림을 보고 질문에 답해줘.

1. 그림 속 주인공이 웃고 있는 것 같아?

　☐ 그렇다　　☐ 아니다

2. 누굴 그린 걸까?

　⇨ _____

3. 그림 속 주인공의 눈썹이 없잖아. 왜 다 빈치는 눈썹을 그리지 않았을까?

　⇨ _____

4 위장

◆ 이 동물은 무엇이지? 이름을 쓰고, 그림에 색칠도 해볼래?

⇨ _____

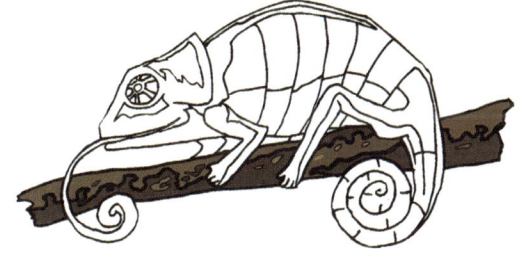

偽 거짓 위 ｜ 裝 꾸밀 장

이 동물은 아주 멋진 특기를 갖고 있어. 주위 환경에 맞게 몸 색깔을 변화시켜 위장할 수 있거든.
이렇게 본래의 정체나 모습이 드러나지 않도록 거짓으로 꾸미는 것을 '위장'이라고 해.

◆ 기사 속 남자는 왜 할머니로 위장했던 것 같아?

⇨ _____

써보기

단어장

루브르 박물관
프랑스 파리의 중심가인 리볼리가에 있는 세계적인 국립 박물관
(공식 홈페이지 https://www.louvre.fr/)

관람
觀 볼 관 覽 볼 람
연극, 영화, 운동 경기, 미술품 등을 구경하는 것

방탄
防 막을 방 彈 탄알 탄
날아오는 탄알을 막음

범행
犯 범할 범 行 다닐 행
범죄 행위를 함

동기
動 움직일 동 機 틀 기
어떤 일이나 행동을 일으키게 하는 계기

 이번 뉴스는 어떤 내용을 담고 있니? 짧게 써볼래?

'모나리자'는 왜 1조 원이
넘는 가치를 지녔다고 평가받을까?
이 작품을 사람들이 보고 싶어하는
이유는 뭘까?

기사 속 남자는
왜 모나리자 작품에 케이크를
던졌을까?

미술관이나 박물관에
간 경험을 써볼래?
어디를 갔었고, 무엇을 보았으며,
본 소감은 어땠어?

더 알아보기

Book

◇ **모나리자는 왜 루브르에 있을까?**

사빈 드 메스닐, 샤를로트 그라세테트 글 | 탄자 스테바나빅 그림 | 박선주 옮김 | 푸른날개 | 80쪽 | 14,000원

세계에서 가장 유명한 그림들 속에 숨겨진 스무 가지 미술 상식을 담은 책이야.

Video

◇ **모나리자에 '크림 테러'… 36세 남성 정신병원 실려가**

기사 내용을 담은 뉴스 영상이야. 사건 당시의 생생함이 그대로 느껴져.

◇ **당신이 몰랐던 '모나리자'의 모든 것**

모나리자는 왜 그렇게 유명할까? 모나리자에 대해 재미있게 설명한 영상이야.

| 날짜 | 년 | 월 | 일 |

필즈상을 받은 최초의 한국계 수학자

허준이 프린스턴 대학교 교수가 한국계 최초로 수학계의 노벨상으로 불리는 '필즈상'을 받았습니다. 허준이 교수는 미국 캘리포니아에서 태어난 한국계 미국인입니다. 그동안 수학자들이 풀지 못했던 어려운 문제를 잇달아 풀면서 수학계 스타로 떠올랐고, 마침내 2022년 필즈상을 수상했습니다. 2023년에는 허준이 교수의 이름을 딴 '허준이 수학난제연구소'를 열기도 했습니다. 20년 이내에 다시 필즈상 수상자를 배출하는 것이 목표입니다.

허준이 교수는 수상 당시 큰아들이 만들어 온 수학 문제를 매일 하나씩 풀며 같이 수학 공부를 하고 있다고 밝혔습니다. 아들이 문제를 내면 본인이 풀고 다시 아들이 채점을 하는 방식입니다. 놀이를 통해 스스로 자연스럽게 수학의 원리를 터득할 수 있게 한 것입니다.

허준이 교수는 필즈상 수상 이후 한 강연회에서 많은 한국 학생들이 수학을 어려워하고 포기하는 이유로 "시험이라는 경쟁에서 반드시 이겨야 하고 문제를 완벽히 풀어야 한다고 생각하는 사회 분위기"를 꼽았습니다. 또 시험으로 평가받는 것보다 수학의 즐거움을 먼저 느끼는 것이 중요하다고 말했습니다.

ⓒ 과학기술정보통신부

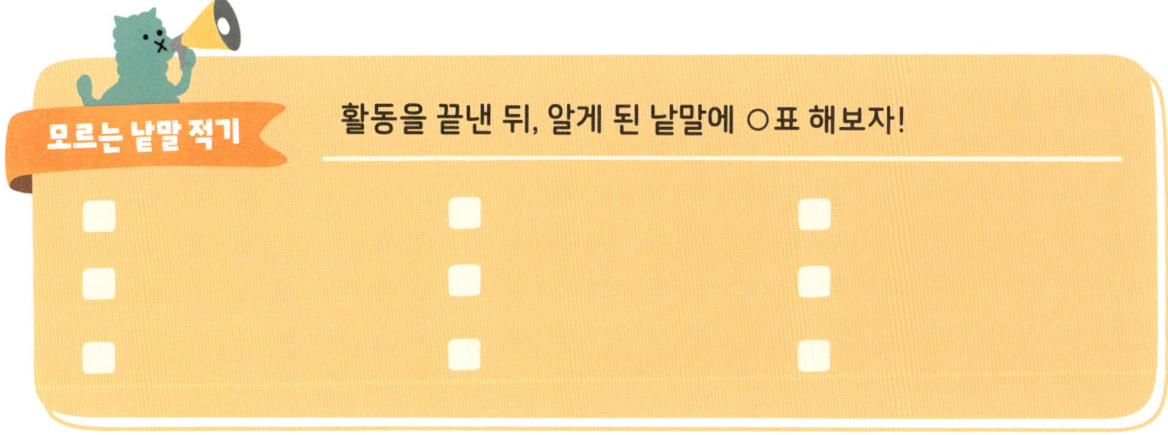

모르는 낱말 적기 — 활동을 끝낸 뒤, 알게 된 낱말에 ○표 해보자!

◇ 소리내어 읽었나요? ✓

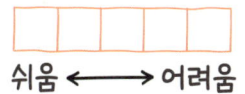

쉬움 ←→ 어려움

배우기

1 한국계 미국인

◇ 대한민국 국적을 갖고 미국에 살고 있는 한국인(영주권자, 유학생 등)은 한국계 미국인이 아니야.
'한국계 미국인'은 한국인의 혈통을 가진 미국인을 말해. 즉, 법적으로 미국에서 태어나 미국 국적을 가진 '미국 시민권자'인 셈이야.

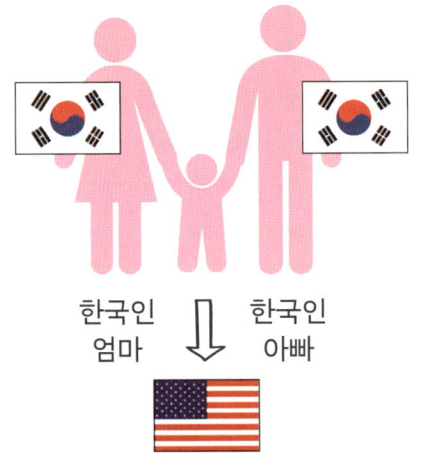

한국인 엄마 ⇩ 한국인 아빠

미국에서 태어난 미국 시민권자

◇ 허준이 교수님은 미국에서 태어나서 두 살쯤 한국에 왔어. 초, 중, 고등학교와 대학교 학, 석사 과정을 모두 한국에서 공부했지. 하지만 미국 시민권자이기 때문에 '한국인'이라고 할 수 없고 '한국계 미국인'이라 불리는 거지.
당시 언론에서는 이를 두고 다음과 같은 기사를 썼어.

[기자수첩] 필즈상 허준이 교수는 과연 한국 교육의 자랑인가
수포자의 성공담보다 한국 시스템이 버린 천재의 수난기로 읽혀야

zdnet 기사
2022.07.06

[한국계 첫 필즈상 수상]'한국인 수상'은 아니지만 한국의 산물

동아사이언스 기사
2022.07.05

"필즈상 허준이는 韓 교육이 키운 인물"

뉴시스 기사
2022.07.06

만약 네가 필즈상을 수상한 허준이 교수님의 소식을 기사로 쓴다면 어떤 제목을 붙일 것 같아?

⇨

2 노벨상/필즈상

✧ 알프레드 노벨(Alfred Bernhard Nobel)은 스웨덴의 과학자야.
그가 1895년에 작성한 유언에 따라 매년 인류의 행복과 평화를 위해 헌신한 사람에게 주는 상이 바로 '노벨상'이야. 현재 물리학, 화학, 생리·의학, 문학, 평화, 경제학상 등이 있어.

✧ 그렇다면 수학계의 노벨상이라고 불리는 '필즈상'은 어떤 사람에게 주는 상일까?

알프레드 노벨

노벨상

필즈상

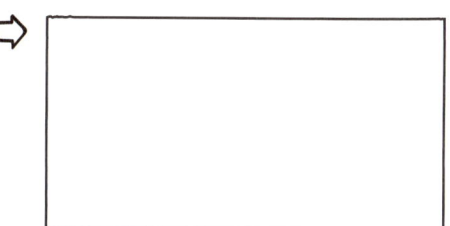

3 곱셈의 원리

✧ 허준이 교수님의 아들은 9살 때 이런 수학 문제를 냈대.

동그라미는 총 몇 개일까?

 개

일일이 동그라미를 세지 않고 손쉽게 답을 구할 수 있는 방법이 있다면 뭘까?

써보기

단어장

최초
最 가장 최 初 처음 초
맨 처음

수상
受 받을 수 賞 상줄 상
상을 받음

배출
輩 무리 배 出 날 출
인재가 계속하여 나옴

잇달다
어떤 사건이나 행동 등이 이어 발생함

난제
難 어려울 난 題 제목 제
해결하기 어려운 일이나 사건

터득
攄 펼 터 得 얻을 득
깊이 생각하여 이치를 깨달아 알아냄

 이번 뉴스는 어떤 내용을 담고 있니? 짧게 써볼래?

너도 가족 누군가에게
수학 문제를 내볼래?
채점은 꼭 네가 하도록 해!

너는 수학이 어렵다고
생각한 적이 있니?
왜 그렇게 생각하게 되었니?

수학계의 노벨상이라고 불리는
'필즈상'을 받은 허준이 교수님처럼
너도 어떤 분야의 노벨상이라고
불리는 상을 받을 수 있다면,
그건 어떤 상일까?

네가 그 상 이름을 지어볼래?

더 알아보기

Video

◇ 노벨상 vs 필즈상

유튜브 채널 <카오스 사이언스>

필즈상과 노벨상에 대해 잘 설명한 영상이야.

◇ 수학 석학들이 바라본 허준이 교수 그리고 필즈상

유튜브 채널 <과학기술정보통신부>

허준이 교수가 푼 문제 및 필즈상을 받기까지의 뒷이야기가 담겨 있는 영상이야.

◇ 허준이_수학, 예술이 될 수 있을까? 공부와 연구의 차이는?

유튜브 채널 <카오스 사이언스>

학생과 교수님의 대화가 인상적으로 담긴 영상이야. 특히 4분 50초 "수학이 예술의 한 분야가 될 수 있을까요?" 11분 47초 "연구와 공부의 차이가 궁금합니다."는 꼭 보길 바라.

실제 사람보다 더 진짜 같은 가상인간

'로지' '루시' '테오' '한유아'…. 이 이름들을 들어본 적 있나요? 이들은 모두 현실 속에 존재하지 않는 가상인간의 이름입니다. 가상인간의 활동 영역은 점점 넓어져, 이제는 가상세계인 메타버스뿐만 아니라 실생활에서도 사람의 역할을 대신하고 있습니다. 또 가상인간은 나이와 직업, 전공학과 등 세세한 콘셉트까지 설정하며 캐릭터를 만들어가기 때문에 SNS에서 인기를 끌기 쉽습니다

가상인간 '로지'는 광고 모델로 데뷔하여 화장품 브랜드 론칭, 음반 출시 등 다양한 분야에서 활동해왔습니다. 홈쇼핑 쇼호스트로 활약하며 유명해진 가상인간 '루시'는 인스타그램 팔로워가 18만 명에 달합니다. 대한항공은 전 세계 최초로 가상인간 승무원 '리나'가 출연하는 기내 안전 수칙 설명 영상을 만들었습니다.

기술이 발전하면서 실제 인간의 모습과 가상인간을 화면상으로 구별하기는 점점 더 어려워지고 있습니다. 이렇게 실제 인간과 비슷한 가상인간을 만드는 데에는 인공지능, 시각 특수효과 기술 등이 사용됩니다. 가상인간의 평균 제작 기간은 1년 이상이며, 제작비는 최소 5억 원이 든다고 합니다.

ⓒ 로지 인스타그램

모르는 낱말 적기 활동을 끝낸 뒤, 알게 된 낱말에 ○표 해보자!

◇ 소리내어 읽었나요? ✓ | 쉬움 ←→ 어려움

배우기

1 메타버스

◆ '메타버스'는 현실의 세계에서 이루어지는 경제적, 사회적 활동들을 가상의 세계에서도 이루어지게끔 만든 시스템 정도로 이해하면 돼. 빈칸에 메타버스의 스펠링을 채워볼래?

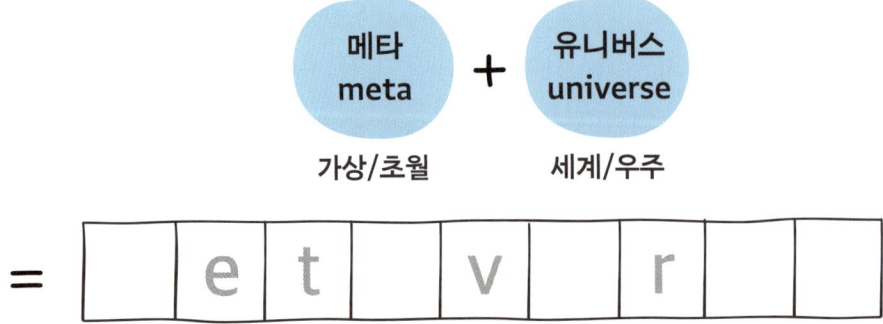

= [ ] [e] [t] [ ] [v] [ ] [r] [ ]

가상, 초월 등을 의미하는 '메타(meta)'와 세계, 우주 등을 의미하는 '유니버스(universe)'를 합한 말

假	像
거짓 가	모양 상

◆ '가상'은 실물처럼 보이는 걸 뜻하는 낱말이야. 그렇다면 '가상인간'이란 무엇을 뜻할까?

⇨ [   ]

2 캐릭터

[c] [h] [a] [r] [a] [c] [t] [e] [r]

◆ 캐릭터는 어떠한 인물의 개성이나 이미지를 뜻해. 네 자신이 어떤 캐릭터인지 설명해줄래?

⇨ [   ]

3 머지않다

✧ 이렇게 공간적으로 '멀지 않을 때' **멀지 않다** 라고 표현해.

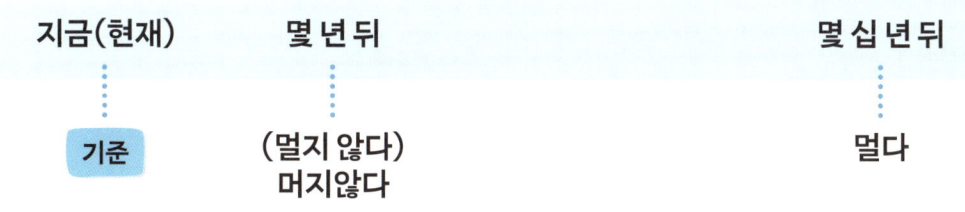

✧ 이렇게 시간적으로 '멀지 않을 때' **머지않다** 라고 표현해.

4 낱말 퀴즈

✧ 본문에 나오는 단어인데, 아래 힌트를 보고 무엇인지 맞혀볼래?

| 1 | 2 | : 성질이나 종류에 따라 차이가 남

1. 빈칸에 공통적으로 들어가는 글자야.

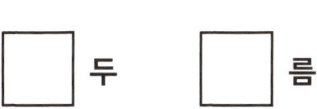

2. 그림에서 연상되는 글자야.

써보기

단어장

존재
存 있을 존 在 있을 재
현실에 실제로 있음

론칭
launching
어떤 제품이나 상표의 공식적인 출시

출연
出 날 출 演 펼 연
연기, 공연, 연설 등을 하기 위해 무대나 연단에 나감

영역
領 거느릴 령(영) 域 지경 역
활동, 기능, 효과, 관심 등이 미치는 일정한 범위

쇼호스트
show host
홈쇼핑 등에서 제품의 특징, 성능 등을 설명하여 제품을 구입하도록 유도하는 사람

인공지능
人 사람 인 工 장인 공 知 알 지 能 능할 능
A.I.(Artificial intelligence)
인간의 지능이 가지는 학습, 추리, 지각 능력 등을 컴퓨터 시스템으로 구현해 낸 과학 기술

 이번 뉴스는 어떤 내용을 담고 있니? 짧게 써볼래?

가상인간을
만들기 위해서는
긴 시간과 많은 돈이
필요한데, 사람들은
왜 가상인간을
만드는 걸까?

가상인간이 인간을 대신해서
해줄 수 있는 일이 뭘까?
기사에 나온 것 외에 더 써볼래?

네가 만약 가상인간을 만들 수 있다면,
어떤 성격과 능력을 가진 가상인간을 만들 거야?

더 알아보기

Book

◇ **넥스트 레벨 : 메타버스**

원종우, 최향숙 글 | 젠틀멜로우 그림 | 한솔수북 | 144쪽 | 14,500원

메타버스를 어린이의 눈높이에 맞게 풀어낸 책이야. 만화가 있어서 쉽고 재미있게 이해할 수 있을 거야.

Video

◇ **진짜 같은 AI 가상인간 전성시대… 부작용은?**

유튜브 채널 <KBS News>

가상인간 로지를 소개하며 딥페이크 등의 기술이 우리 사회에 가져올 수 있는 문제점에 대해서도 이야기한 영상이야.

◇ **엄청난 돈이 메타버스로 향하고 있다! 왜?**

유튜브 채널 <장동선의 궁금한 뇌>

어린이 눈높이에서 설명한 영상은 아니지만, 메타버스에 대해 쉽고 상세하게 설명하는 영상이야.

드론 배송은 중단, 로봇 배달은 확대

지난 2022년 세븐일레븐은 우리나라 최초로 편의점 드론 배송을 시작했습니다. 소비자가 앱으로 주문하면 편의점은 상품을 드론 이착륙 비행장이 있는 곳으로 옮깁니다. 배송함에 물건을 실은 드론은 자동 운행 시스템에 따라 주문한 고객의 위치에 착륙하고, 고객은 QR코드로 인증한 후 상품을 꺼냅니다. 편의점에 가지 않고도 물건을 살 수 있는 것입니다.

그러나 2023년 말 세븐일레븐은 드론 배송 사업을 중단했습니다. 업계 관계자는 "우리나라는 드론 관련 규제가 해외보다 까다롭고, 고층 건물이 많아 상용화에 어려움이 있다"라고 밝혔습니다.

한편 드론 배송과 달리 로봇 배달은 점차 늘어나는 추세입니다. 배달의민족을 운영하는 우아한형제들은 2023년 11월부터 서울 강남구 테헤란로에서 배달 로봇 '딜리'를 시범 운영중입니다. 딜리는 배달의민족 앱으로 주문받은 음식을 싣고 건물 위치를 파악해 지정된 장소까지 배달합니다. 우아한형제들 관계자는 "아직 딜리가 건물 입구에 있는 계단을 올라가지 못하는 특성 때문에 건물 내부까지 배달을 못하는 등 기술적 한계가 있다"라고 말했습니다.

ⓒ 우아한형제들

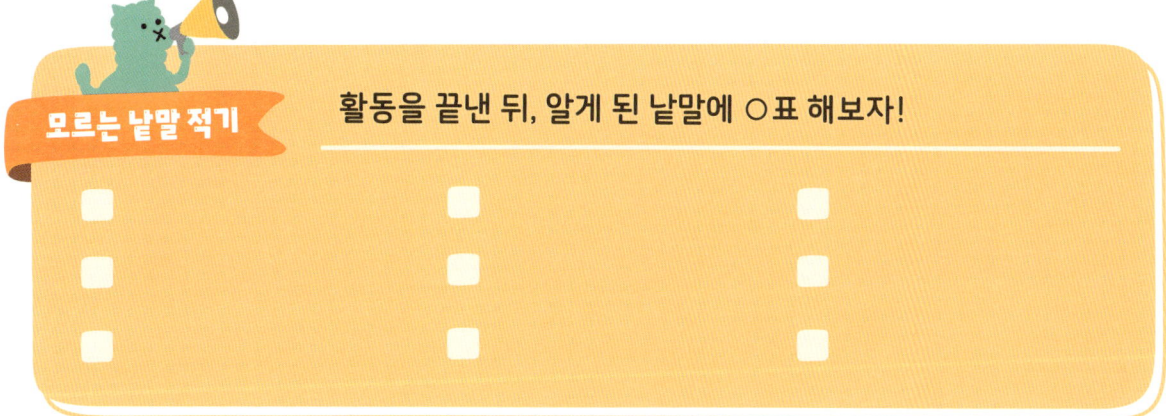

모르는 낱말 적기 활동을 끝낸 뒤, 알게 된 낱말에 ○표 해보자!

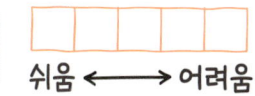

배우기

1 세븐일레븐

◇ 세븐일레븐은 미국의 세계 최초 글로벌 편의점 브랜드야.

7-ELEVEN®

◇ 세븐일레븐의 로고 중 '일레븐' 부분을 살펴본 뒤 소문자로 쓴 알파벳에 동그라미 해볼래? 왜 이것만 소문자로 썼을까? 네 생각을 써봐!

⇨ [   ]

2 퀴즈

◇ 퀴즈를 하나 내볼게. 드론 한 대가 한 번에 운반할 수 있는 무게는 최대 5킬로그램이야.

드론 비행장

고객이 있는 곳

만약 고객이 앱으로 주문한 물건이 모두 합쳐 13킬로그램이라면, 드론은 몇 번 왕복해야 할까? ⇨  번

3 QR코드

◇ QR코드는 컴퓨터가 만든 흑백 격자무늬 패턴 코드야.
  다양한 정보를 담고 있지.

Quick	Response	code
빠른	응답, 반응	코드(기호)

앞글자만 따서 써볼래? ⇨ ☐ ☐

4 이착륙

◇ 이착륙은 '이륙'과 '착륙'을 합한 말이야.
  각 한자의 뜻을 살펴보면서
  이륙과 착륙의 의미를 기억해보자.

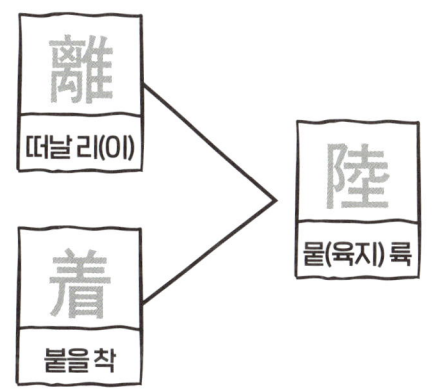

離 떠날 리(이)
着 붙을 착
陸 뭍(육지) 륙

◇ 비행과 관련된 그림을 보고 이륙과 착륙을 찾아 바르게 이어볼래?

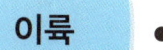 이륙 •

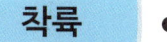 착륙 •

써보기

단어장

드론
drone
원격으로 조종되는 무인 비행 물체

규제
規 법 규 制 절제할 제
어떤 일을 법이나 규정으로 제한하거나 금지하는 것

시범
示 보일 시 範 법 범
모범을 보임

배송
配 나눌 배 送 보낼 송
물자를 여러 곳에 나누어 보내 줌

상용화
常 항상 상 用 쓸 용 化 될 화
물품이나 기술 등이 일상적으로 쓰이게 되거나 그렇게 되도록 만듦

운영
運 옮길 운 營 경영할 영
조직이나 기구, 사업체 등을 운용하고 경영함

 이번 뉴스는 어떤 내용을 담고 있니? 짧게 써볼래?

네가 드론으로 누군가에게
배달을 해줄 수 있다면
누구에게 무엇을 배달하고 싶어?
그 이유까지 함께 써볼래?

편의점에서 드론 배송을
처음 시작한 이유는
무엇이었을까?

배달 외에 로봇으로
할 수 있는 일을 생각해서
두 가지 이상 써볼래?

더 알아보기

Video

◇ **세븐일레븐은 왜 마지막 알파벳 n만 소문자일까?**

유튜브 채널 <사물궁이 잡학지식>

세븐일레븐에 대한 재미있는 사실들을 알아볼 수 있는 영상이야.

◇ **QR코드? 그게뭔데!?**

유튜브 채널 <DaumFoundation>

우리 주변에서 많이 볼 수 있는 QR코드 원리에 대해 잘 설명한 영상이야.

◇ **드론으로 창업, 4개월만에 SM 이수만한테 10억 투자 받은 썰 풀건데 들을 사람??**

유튜브 채널 <머니랩>

파블로항공 대표가 드론을 활용한 창업 이야기와 회사 소개 등을 들려주는 영상이야.

우주망원경으로 찍은 137억 년 전 우주

2024년 5월 제임스웹 우주망원경이 우주에서 가장 오래된 은하 'JADES-GS-z14-O'를 발견했습니다. 지금으로부터 약 137억 1000만 년 전에 존재했던 은하로, 지금까지 인류가 관측한 은하 중 가장 오래된 것입니다.

제임스웹 우주망원경은 세계에서 가장 비싼 우주망원경입니다. 1996년부터 나사(NASA, 미국항공우주국), 유럽우주국, 캐나다우주국이 약 100억 달러(13조 원)를 투자하여 제작했습니다. 2021년 12월에 우주로 발사되었고, 2022년 7월 처음으로 제임스웹 망원경을 사용하여 우주를 찍은 사진이 전 세계에 발표되었습니다.

제임스웹 망원경은 적외선 관측에 적합하도록 만들어졌습니다. 눈으로 감지할 수 있는 가시광선과 달리 적외선은 우리 눈으로 볼 수 없습니다. 덕분에 이전보다 훨씬 더 멀리 있는 우주와 별을 자세히 관측하고, 아주 오래 전 우주에 어떤 일이 있었는지도 연구할 수 있게 되었습니다. 나사는 "제임스웹 망원경이 우주의 기원과 인류의 미래를 밝히는 데 중요한 단서를 제공할 것으로 기대한다"라고 밝혔습니다. 제임스웹 망원경은 앞으로도 다양한 우주 사진을 찍어 지구로 보낼 예정입니다.

ⓒ NASA

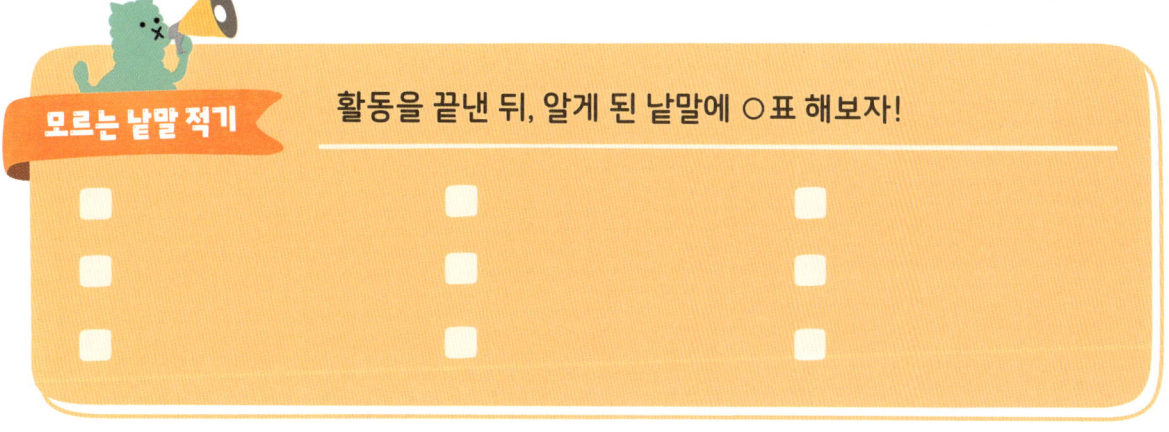

모르는 낱말 적기 — 활동을 끝낸 뒤, 알게 된 낱말에 ○표 해보자!

◇ 소리내어 읽었나요? ✓

쉬움 ←→ 어려움

배우기

1 제임스웹 우주망원경

✧ 제임스웹 우주망원경의 이름을 영어로 쓰면 아래와 같아.

> **J**ames **W**ebb **S**pace **T**elescope

앞글자만 따서

라고 불러.

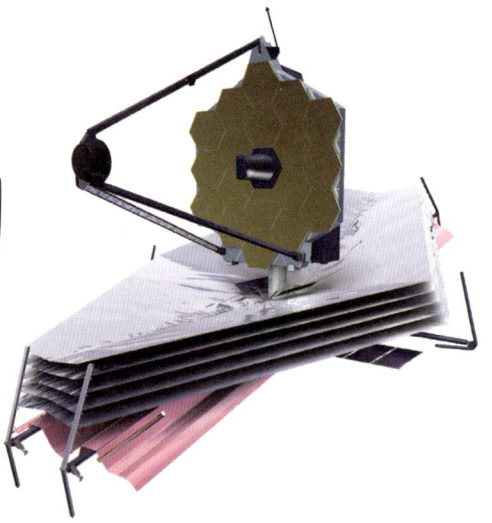

2 우주국

미국항공우주국은 'NASA'라고 해.
이 망원경은 NASA뿐만 아니라 유럽우주국, 캐나다우주국이 힘을 합쳐 만들었대.

유럽우주국, 캐나다우주국은 영어로 어떻게 표기할까? 로고 속에 힌트가 있어.

미국항공우주국 (National Aeronautics and Space Administration)	유럽우주국 (European Space Agency)	캐나다우주국 (Canadian Space Agency)
⇩	⇩	⇩
NASA		

3 적외선/가시광선

◆ 태양이 내보내는 빛을 파장에 따라 구분할 수 있어.
　사람의 눈으로 볼 수 있는 '가시광선'
　가시광선보다 파장이 긴 '적외선'
　가시광선보다 파장이 짧은 '자외선'

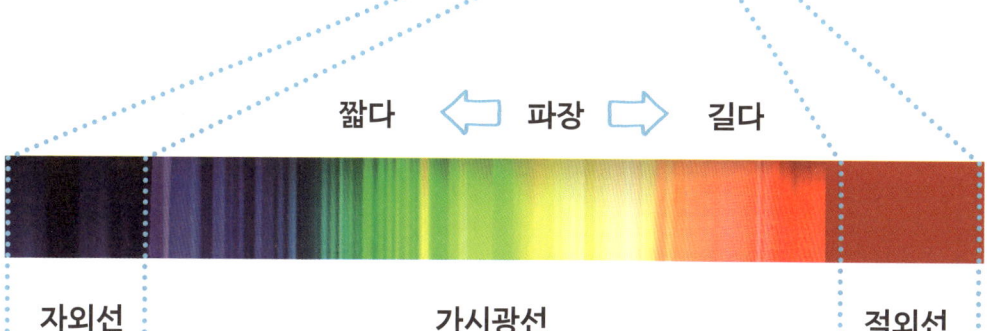

제임스웹 우주망원경은 우리 눈으로 볼 수 없는 적외선을 관측할 수 있어.

4 최초의 사진

◆ 제임스웹 우주망원경이 2022년 7월 처음으로 찍어 보낸 우주 사진이야.
　어떤 색깔들이 네 눈에 들어오는지 써볼래?

⇨

# 써보기

단어장

은하
銀 은 은 河 물 하
구름 띠 모양으로 길게 분포되어 있는 수많은 천체의 무리

관측
觀 볼 관 測 헤아릴 측
눈이나 기계로 천체나 기상의 상태와 변화 같은 자연 현상을 관찰, 측정하는 일

투자
投 던질 투 資 재물 자
이익을 얻기 위하여 어떤 일이나 사업에 자본을 대거나 시간이나 정성을 쏟음

적합
適 맞을 적 合 합할 합
일이나 조건 등에 꼭 알맞음

감지
感 느낄 감 知 알 지
느끼어 앎

 이번 뉴스는 어떤 내용을 담고 있니? 짧게 써볼래?

제임스웹 우주망원경을 통해
우리가 알 수 있는 것들을 적어볼까?

여러 나라들은 왜 힘을 합쳐
우주 사진을 찍는 걸까?

너는 우주에 외계인이
있다고 생각하니?
그렇게 생각하는 이유는?

더 알아보기

Video

✧ **적외선이란 무엇일까?**

유튜브 채널 <YTN 사이언스>

적외선이 발견된 과정을 비롯하여 적외선이 무엇인지 잘 설명한 영상이야.

✧ **제임스웹 각 사진들의 진짜 의미 해설!!**

유튜브 채널 <우주먼지의 현자타임즈>

제임스웹 망원경이 찍은 사진을 자세히 해설해주는 영상이야. 우주망원경의 원리에 대해서도 배울 수 있어.

✧ **비교 불가! 제임스웹 우주망원경의 첫 이미지에 담긴 의미**

유튜브 채널 <북툰>

제임스웹 망원경이 처음 찍은 사진의 의미를 재미있게 해석한 영상이야.

가족에 대한 사랑을 그린 화가

지난 2021년, 이건희 회장이 평생 수집한 미술품이 국가에 기증되었습니다. 국립현대미술관은 이 회장으로부터 기증받아 소장하게 된 작품들로 2022년부터 전국 각지를 돌며 전시회를 개최해왔습니다. 2024년 4월부터 제주 도립미술관에서 열린 아홉 번째 전시회에서는 국민 화가 이중섭(1916~1956년) 등 대표적인 한국 근현대 미술 작가들의 작품이 공개되었습니다.

이중섭은 일제강점기와 6·25전쟁 동안에도 붓을 놓지 않고 숱한 명화를 남긴 화가입니다. 특히 일본인 아내와 아이들이 가난과 전쟁을 피해 잠시 일본으로 떠나 있는 동안, 가족에 대한 그리움과 애틋함을 그림으로 표현하곤 했습니다. 네 식구가 한데 엉켜 부둥켜안고 있거나 벌거벗은 아이들이 해맑게 놀며 춤추는 모습을 그린 그림 등이 인상적입니다.

이중섭은 은박지를 긁어내 그린 그림, 어린아이들과 소를 그린 그림, 일본에 머물던 가족에게 보낸 편지에 곁들인 그림 등을 주로 남겼습니다. 그는 바다 건너에 있는 가족을 만날 날을 기다리며 홀로 제주도, 통영, 서울, 대구 등에서 작품 활동에 매진하였습니다. 그러나 그리운 가족을 끝내 만나지 못하고 병에 시달리다가 생을 마감했습니다.

ⓒ 국립현대미술관

배우기

1 이건희 회장

✧ '삼성'이라는 회사를 알아?
이건희 회장은 생전에 삼성전자의 회장 겸 삼성그룹 총수였어.
세계 부자 순위 66위였을 정도로 재산이 많았지.

2020년 10월에 세상을 떠났고, 이건희 회장의 뜻에 따라
그가 소장하고 있던 여러 미술품이 국립중앙박물관과
국립현대미술관에 기증되었단다.

2 소장

所	藏
바 소	감출 장

✧ '소장'이란 자신의 것으로 지니고 간직한다는 말이야.
소장과 비슷한 낱말 두 개를 사다리 타기를 하면서 찾아볼래?

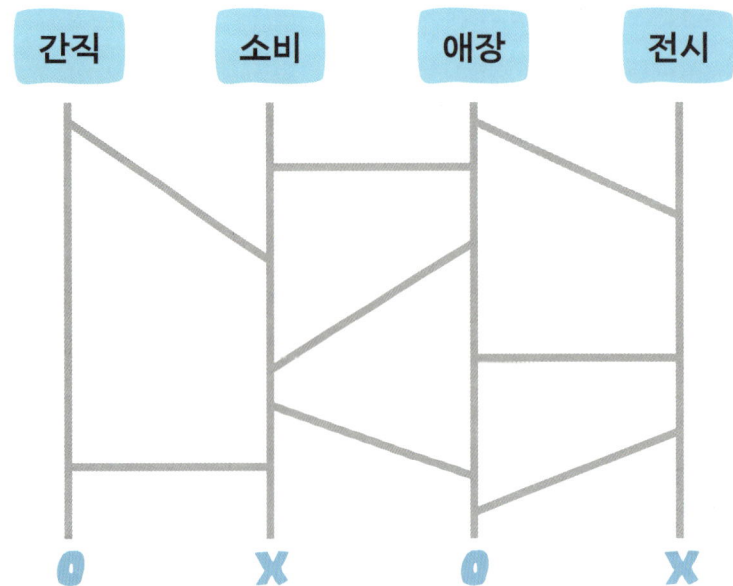

3 이중섭

◇ 20세기 우리나라 근현대 미술을 대표하는 화가야.
특히 소를 많이 그렸단다.
이중섭 화가는 어릴 적부터 소를 그리는 것을 좋아했고,
그림을 그릴 때는 하루 종일 소만 바라봤대.
그래서 소도둑으로 오해를 받은 적도 있다고 해.

이중섭
<황소>

◇ 이중섭 화가가 소를 많이 그렸던 것처럼 너도
그림을 그릴 때 특히 많이 그리는 것이 있어?
무엇인지 써볼래?

⇨

4 애틋하다

◇ 섭섭하고 안타까워 애가 타는 듯한 감정을 '애틋하다'라고 해.

> 특히 일본인 아내와 아이들이 가난과 전쟁을 피해 잠시 일본으로 떠나 있는
> 동안 가족에 대한 그리움과 애틋함을 그림으로 표현하곤 했습니다.

◇ 가족과 떨어져 보고 싶어도 볼 수 없는 상황이 계속된다면 너는 어떤 마음일 것 같아?

⇨

◇ 이중섭 화가는 가족이 모두 부둥켜안거나 놀며 춤추는 모습을 그리곤 했어. 그 이유는 뭘까?

⇨

써보기

단어장

수집
蒐 모을 수 集 모을 집
취미나 연구를 위하여 여러 가지 물건이나 재료를 찾아 모음

국립현대미술관
國 나라 국 立 설 립 現 나타날 현 代 대신할 대
美 아름다울 미 術 재주 술 館 집 관
현대 미술작품을 수집, 보존, 전시, 연구, 조사하는 우리나라를 대표하는 국립 미술관

기증
寄 부칠 기 贈 줄 증
선물이나 기념으로 남에게 물품을 거저 줌

숱하다
아주 많다

매진
邁 멀리 갈 매 進 나아갈 진
어떤 일을 온 마음과 힘을 다해 해 나감

 이번 뉴스는 어떤 내용을 담고 있니? 짧게 써볼래?

기사 속에 등장하는 그림은
'두 아이와 물고기와 게'야.
만약 네가 제목을 붙인다면 뭐라고 하고 싶니?

이중섭 화가가 소를 관찰하며
그림을 그린 이유는
무엇이었을까?

가족에 대한
사랑과 그리움을
담는 그림을 그린다면
넌 어떤 장면을
그리고 싶니?

더 알아보기

Book

◇ **Why? People 이중섭**
안경순 글 | 이준희 그림 | 예림당 | 176쪽 | 11,000원

꺾이지 않는 예술혼을 품은 천재 화가 이중섭의 일대기를 잘 설명하는 책이야.

Video

◇ **이중섭은 왜 '소' 그림만 그렸을까?**

이중섭 화가가 왜 하필 '소'를 그렸는지에 대해 설명하는 영상이야.

◇ **이건희는 대체 어떻게 삼성을 키웠을까?**

삼성이 성장한 배경, 그리고 이건희의 삶에 대해서 정리해둔 영상이야.

강아지 코 무늬로 유기견을 줄여요

사람의 손가락 무늬처럼 개마다 각각 다른 코 무늬를 식별하여 개의 신원을 확인할 수 있는 기술이 개발되었습니다. 스타트업 기업인 펫나우가 인공지능(AI) 기술을 활용하여 제공하는 반려동물 생체인식 서비스입니다.

펫나우 앱을 켜고 반려동물을 카메라로 찍으면, 인공지능이 자동으로 코를 인식합니다. 이때 반려동물이 움직여도 인공지능은 자동으로 코를 쫓아가며 초점을 맞추고 0.05초 만에 재빠르게 촬영하여 서버로 보냅니다. 펫나우는 "개는 사람처럼 가만히 포즈를 취할 줄 모르고 산만하게 움직이기 때문에, 5만여 장의 개 코 사진을 직접 촬영하고 앱에 3개의 인공지능을 사용하여 정확도를 높였다"라고 말했습니다. 펫나우의 생체인식 성공률은 무려 99.2퍼센트입니다.

농림축산식품부에 따르면 2021년 기준으로 반려동물 등록률은 37.4퍼센트로 낮은 편입니다. 그동안 반려동물을 등록하려면 동물에게 마이크로칩을 삽입하거나 목걸이를 착용시켜야 했습니다. 하지만 코 무늬로 간편하게 등록할 수 있다면 자연스럽게 등록률이 높아지고, 보호자를 잃어버린 개의 주인을 쉽게 찾을 수 있어 유기견이 줄어들 것으로 기대됩니다.

ⓒ 펫나우

모르는 낱말 적기

활동을 끝낸 뒤, 알게 된 낱말에 ○표 해보자!

✧ 소리내어 읽었나요? ✓   쉬움 ← → 어려움

배우기

1 펫나우

✦ 펫나우(Petnow)는 AI 기술을 이용해 반려동물 생체인식 서비스를 제공하는 스타트업 회사야.

| 스타트업 Startup | 혁신적인 기술과 참신한 아이디어로 사회를 변화시키는 기업 |

사람에게 지문(손가락 무늬)이 있듯이 반려견에게는 비문(코 무늬)이 있어. 코 근처 맨살로 된 부분에 무늬가 있는데, 그 무늬를 '비문'이라고 해.

펫나우는 반려견 비문과 함께 반려인 프로필을 함께 등록해 둘 수 있어. 등록된 강아지라면 언제든 반려인을 쉽게 찾을 수 있겠지?

  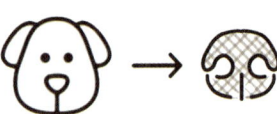

鼻	紋
코 비	무늬 문

2 유기견

✦ 유기견은 한자로 이렇게 써.

遺	棄	犬
남길 유	버릴 기	개 견

유기견은 어떤 개를 의미하는 걸까? 한자 뜻을 살펴보며 네가 적어볼래?

⇨

3 생체인식

✧ 홍채나 지문 등은 사람마다 모두 모양이 다르거든. 이렇게 신체 부위를 인식해서 본인임을 인증하는 기술을 '생체인식'이라고 해.

부모님의 스마트폰 중 얼굴 인식이나 지문 인식을 해야만 잠금 해제가 되는 게 있을 거야. 네 얼굴이나 지문으로 잠금 해제가 되는지 확인하고 결과를 써봐.

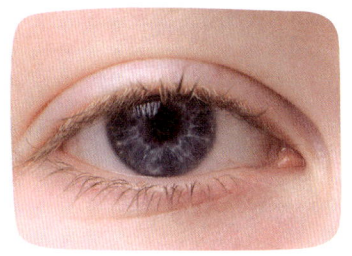 

⇨ ☐

4 퍼센트(%)

✧ 전체의 양을 100이라고 생각하고 어떤 양이 그중 얼마나 차지하는지를 표시하는 걸 '퍼센트(%)'라고 해.

100%

50%

남은 건 몇 퍼센트일까? ⇨ ☐ %

기사에서 펫나우의 코 무늬 인식 성공률은 99.2퍼센트래. 그렇다면 실패할 확률은 몇 퍼센트일까? ⇨ ☐ %

써보기

단어장

식별
識 알 식 別 나눌 별
분별하여 알아봄

신원
身 몸 신 元 으뜸 원
신분이나 주소 등 개인의 성장 과정과 관련된 자료

초점
焦 탈 초 點 점 점
사진을 찍을 때 대상의 영상이 가장 똑똑하게 나타나게 되는 점

산만
散 흩을 산 漫 흩어질 만
어수선하여 질서나 통일성이 없음

마이크로칩
microchip
반려동물을 식별할 용도로 동물의 몸에 부착하거나 몸 안에 주입해 넣는 약 10mm 정도의 캡슐

 이번 뉴스는 어떤 내용을 담고 있니? 짧게 써볼래?

펫나우는 왜
반려동물 생체인식 기술을
개발했을까?

너의 신체 부위로
생체인식이 가능하도록
등록할 수 있다면
어떤 부위를 등록할래?
그 이유는 뭐야?

펫나우가 개발한
생체인식 기술을
다른 용도로 쓸 수는 없을까?

더 알아보기

Video

◇ 지문·홍채인증으로 하는 간편결제는 정말 안전할까?

홍채, 지문 등의 생체인식 원리를 잘 설명한 영상이야.

유튜브 채널 <사물궁이 잡학지식>

◇ 사람 '지문'처럼 강아지도 '이곳' 주름이 다 다른 거 앎?

강아지 비문에 대해 설명하고 비문을 생체인식 방법으로 사용할 수 있을지에 대해 이야기하는 영상이야.

유튜브 채널 <크랩 KLAB>

◇ 반려동물 '코 사진' 찍으면 간편 등록되는 기술로 'CES 혁신상' 받은 한국 스타트업

펫나우의 기업 홍보 영상이야.

유튜브 채널 <WIKITREE 위키트리>

탈춤, 인류무형문화유산 되다

2022년 11월 30일, 모로코에서 개최된 제17차 무형문화유산위원회 회의에서 우리나라 전통 종합예술인 탈춤이 인류가 보존해야 할 유네스코 인류무형문화유산에 등재되었습니다. 이번에 등재된 '한국의 탈춤(Talchum:Mask Dance Drama in the Republic of Korea)'은 2001년 처음 등재된 '종묘제례 및 종묘제례악' 이후 22번째입니다.

무형문화유산이란 탑, 교회, 절 같은 건축물이 아니라 특정 지역의 사람들이 예로부터 지켜온 지식이나 기술, 공연예술, 문화 활동을 가리킵니다. 현재 우리나라가 보유한 인류무형문화유산은 종묘제례(악), 판소리, 강릉단오제, 강강술래, 아리랑, 씨름, 김장문화 등 모두 22개입니다. 이 중에서 아리랑, 씨름, 김장문화는 남북한 공동으로 등재된 것입니다. 이번에 등재된 '한국의 탈춤'은 모두 18개 종목으로 구성되어 있는데, 대표적으로 오광대, 북청사자놀음, 봉산탈춤 등이 있습니다.

문화재청은 "유네스코 무형문화유산위원회는 한국의 탈춤이 이야기하는 평등의 가치와 사회 신분제에 대한 비판이 오늘날에도 여전히 의미 있는 주제라는 점을 높이 평가했다"라고 전했습니다.

ⓒ 국립무형유산원

배우기

1 무형/유형

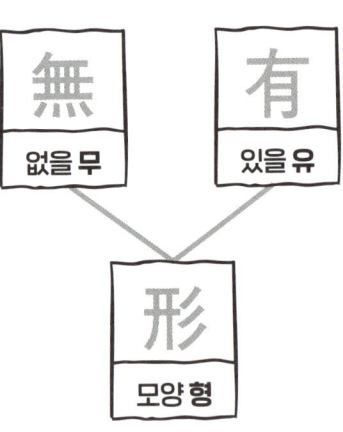

◈ 왼쪽 한자를 보고 낱말을 써볼래?

형태가 없는 것 ⇨ ☐☐

형태가 있는 것 ⇨ ☐☐

◈ 그렇다면 '무형문화재'는 어떤 것일까?

⇨ ☐

2 탈춤

◈ 탈(가면)을 쓰고 춤을 추면서 하는 전통 연극을 '탈춤'이라고 해. 유네스코에 아래와 같은 설명으로 등재되었지.

Talchum:	Mask	Dance	Drama	in the	Republic of Korea
탈춤:	가면	춤	극		한국

◈ 네가 써보고 싶은 탈(가면)을 그려볼래? ⇨

3 인류무형문화유산

◇ 우리나라는 탈춤을 비롯해 총 22개의 인류무형문화유산을 보유하고 있단다.
신문기사를 잘 읽고 우리나라의 무형문화유산을 모두 찾아 체크해볼래?

4 낱말 퀴즈

◇ 이 낱말은 무엇일까? 빈칸에 공통적으로 들어가는 글자를 찾아 맞혀봐.

| 1 | 2 | : 권리, 의무, 자격 등이 차별 없이 고르고 한결같음

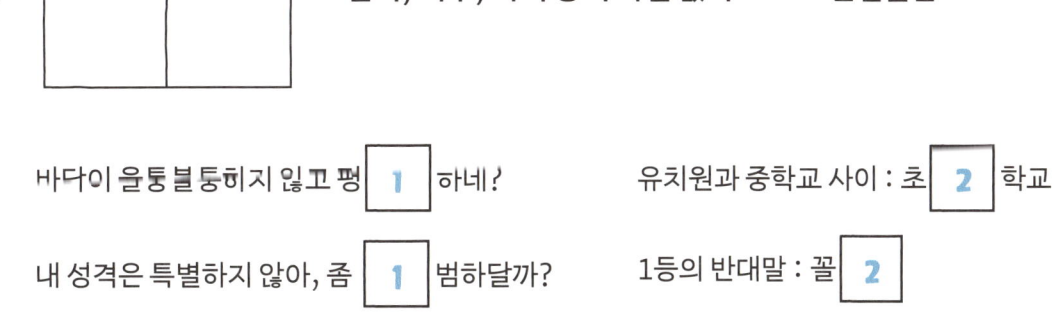

바다이 울퉁불퉁하지 잃고 평 [1] 하네?   유치원과 중학교 사이 : 초 [2] 학교

내 성격은 특별하지 않아, 좀 [1] 범하달까?   1등의 반대말 : 꼴 [2]

써보기

단어장

보존
保 지킬 보 存 있을 존
잘 보호하고 간수해서 남김

유네스코
UNESCO
교육, 과학, 문화의 보급과 국제 교류 증진을 통해 국제간의 이해와 세계 평화를 추구하는 기관

등재
登 오를 등 載 실을 재
일정한 사항을 장부나 대장에 올림

보유
保 지킬 보 有 있을 유
가지고 있거나 간직하고 있음

종묘제례
宗 마루 종 廟 사당 묘 祭 제사 제 禮 예도 례
종묘에서 거행하는 제향 의식

신분제
身 몸 신 分 나눌 분 制 절제할 제
출신에 따라 계층을 나누는 제도

 이번 뉴스는 어떤 내용을 담고 있니? 짧게 써볼래?

유네스코 무형문화유산위원회는 왜 탈춤을
인류무형문화유산으로 등재했을까?

네가 친구들과 하는 놀이 중
인류무형문화유산이 되었으면
하는 게 있니? 그 놀이 방법을
간단히 설명해줄래?

네가 탈춤을
기획할 수 있다면
어떤 내용으로
만들고 싶니?
간단하게 적어볼래?

더 알아보기

Book

◇ **세상의 모든 전통**

엘자 들라셰르 글 | 알렉스 비우자스 그림 | 김헤니 옮김 | 이숲아이 | 64쪽 | 16,800원

유네스코가 선정한 세계 각국의 60가지 무형문화재를 멋진 그림과 함께 만나볼 수 있는 책이야.

Video

◇ **평등하지 않던 세상의 분출구, 탈춤과 가면놀이**

'탈'에 숨겨진 여러가지 이야기를 설명해주는 영상이야.

◇ **유네스코와 한국의 무형유산**

유네스코 인류무형문화유산 이야기를 담은 영상이야. 21개 등재까지를 담았고, 이후 22번째로 탈춤이 등재되었어.

15 세계에서 가장 빠른 사족 보행 로봇

바닷가 모래 위를 초속 5.8미터로 달릴 수 있는 사족 보행 로봇 '라이보2'가 2023년 말 개발되었습니다. 한국과학기술원(KAIST) 황보제민 교수가 창업한 라이온로보틱스는 인공지능(AI)으로 제어하는 사족 로봇을 제작하는 스타트업 기업입니다. 황보 대표는 "보행 속도가 초당 3.8미터였던 라이보1의 성능을 개선하고, 배터리 사용도 8시간까지 늘렸다"라고 밝혔습니다. 8시간 연속으로 움직일 수 있는 사족 로봇은 세계에서 라이보2가 유일합니다. 라이보2는 강화학습을 기반으로 한 보행 인공지능을 탑재하고 있어 스스로 지형의 특성을 파악해 나갑니다. 강화학습이란 특정한 상황에서 여러 행동이 일으키는 결과들의 데이터를 수집해서, 이를 이용해 임무를 수행하는 학습 방법입니다.

불안정한 지형을 제대로 보행하지 못했던 기존 로봇들과 달리, 라이보2는 모래밭은 물론 풀밭, 자갈밭, 무너지기 쉬운 재난 현장 등 각 지형의 특성에 맞게 안정적으로 움직일 수 있습니다. 황보 대표는 "지형에 구애받지 않는 라이보2는 산업용, 군사용, 운송용, 치안 유지 로봇 등으로 활용될 수 있을 것"이라고 밝혔습니다.

ⓒ 라이온로보틱스

배우기

1 한국과학기술원

◆ 한국과학기술원은 영어로 '카이스트(KAIST)'라고 해. 영어 단어의 뜻을 올바르게 이어볼래?

| Korea | Advanced | Institute of | Science | and | Technology |

- 과학
- 한국
- 그리고
- 기술
- 고급의
- 기관

◆ 카이스트는 무엇을 공부하는 곳인 것 같아? ⇨ [   ]

2 로봇 '라이보2'

◆ 사족 로봇 '라이보(Raibo)2'는 인공지능을 탑재하고 있어서 스스로 학습하여 모래와 같은 땅 위에서도 적응해가며 달릴 수 있대.

바닷가 모래 위를 달려본 적 있니?
혹은 모래놀이터에서 놀아본 적 있어?
모래 위를 뛸 때 어떤 느낌이었는지 기억해서 써볼래?

⇨ [   ]

3 초속

◇ 1초 동안 얼마나 이동했는지 진행거리를 나타내는 걸 '초속'이라고 해.

◇ 라이보2의 최고 속도는 초속 5.8미터라고 해. 1초 동안 몇 미터를 이동한다는 뜻일까?

⇨  미터

그렇다면 라이보는 10초 동안 최대 몇 미터를 이동할 수 있을까?

⇨  미터

4 사족

◇ 사족의 뜻은 한자를 보면 알 수 있어.

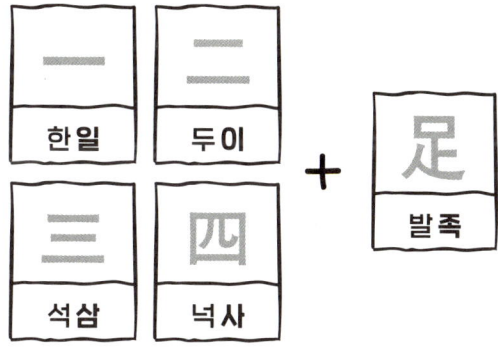

◇ 라이보2는 사족 로봇이라고 했지? 그렇다면 몇 개의 다리로 걷는다는 말일까?

⇨  개

그렇다면 두 발로 걷는 건 뭐라고 말하면 좋을까?

⇨  보행

# 써보기

단어장

보행
步 걸음 보 行 다닐 행
걸어다님

개선
改 고칠 개 善 착할 선
잘못된 것이나 부족한 것, 나쁜 것 등을 고쳐 더 좋게 만듦

수행
遂 드디어 수 行 다닐 행
생각하거나 계획한 대로 일을 해냄

제어
制 절제할 제 御 막을 어
기계 등이 목적에 알맞은 작동을 하도록 조절함

강화
強 강할 강 化 될 화
세력이나 힘을 더 강하고 튼튼하게 함

치안
治 다스릴 치 安 편안 안
국가 사회의 안녕과 질서를 유지, 보전함

 이번 뉴스는 어떤 내용을 담고 있니? 짧게 써볼래?

라이보2는
기존 로봇보다
어떤 점이 뛰어나니?

모래 위도
잘 뛰어다니는 라이보는
앞으로 어떤 일을
할 수 있을까?

네가 로봇을 만들 수 있다면,
어떤 기능이 있는 로봇을 만들고 싶어?

더 알아보기

Book

◇ **미래를 달리는 로봇**
박종원, 이성혜 지음 | 꿈결 | 192쪽 | 13,800원

미래 과학자를 위한 말랑말랑한 '로봇공학' 이야기를 담은 책이야. 로봇의 모든 것을 알 수 있어.

◇ **구석구석 놀라운 공학의 세계**
예영 글 | 박우희 그림 | 주니어김영사 | 40쪽 | 13,000원

창의력과 호기심을 자극하는 공학 그림책이야. 공학의 개념과 11가지 주요 분야를 소개해.

Video

◇ **사람도 걷기 힘든 곳 달리는 로봇… 국내 연구진 일냈다**

라이보2 전에는 '라이보'가 있었어. 모래 위를 거침없이 달리는 라이보의 모습을 담은 영상이야.

60억 원에 낙찰된 달항아리

2023년 3월 세계적인 경매 업체인 미국 크리스티 뉴욕 경매장에서 조선시대의 달항아리가 456만 달러(약 60억 원)에 낙찰되었습니다. 지금껏 전 세계 경매에 출품된 조선시대 백자 중에서 최고 낙찰가입니다. 이전 최고가는 2007년 100만 달러(13억 원)였는데, 다섯 배로 껑충 뛴 것입니다.

이 항아리는 18세기에 제작되어 일본에서 발견된 작자 미상의 작품으로, 일반적인 달항아리보다 큰 45센티미터의 높이에 매끈한 곡선과 단아한 자태를 뽐냅니다. 크리스티 아시아 미술 경매 담당자는 "최근 10년 동안 경매에 나온 달항아리 중 가장 완성도 높은 작품"이라고 평가하며, 둥그런 달 모양을 유지하면서 이 정도 크기의 항아리를 손으로 빚어낸 것은 기적에 가깝다고 설명했습니다.

이렇게 조선시대의 달항아리가 고가에 낙찰된 것은 한국 고미술 작품에 대한 관심이 전 세계적으로 높아졌기 때문입니다. 특히 BTS(방탄소년단)의 리더 RM이 달항아리 애호가로 알려져 있습니다. 크리스티 측은 "중국과 일본 등에서 만들어진 도자기도 많지만, 꾸밈없이 만들어진 한국의 달항아리는 특별한 매력이 있다"라고 덧붙였습니다.

ⓒ 크리스티

배우기

1 경매장

競	賣	場
다툴 경	팔 매	마당 장

✧ '경매'는 물건을 사려는 사람이 여럿일 때 값을 가장 높이 부르는 사람에게 파는 일을 말해.
영어로는 옥션(Auction)이라고 해.
그러니까 '경매장'은 경매하는 곳을 의미하지.

CHRISTIE'S

크리스티 옥션 뉴욕(Christie's Auction New York)

✧ 크리스티는 세계적으로 유명한 미술 경매 회사 중 하나야.
미술 작품 외에도 책, 보석, 고급 가구 등 다양한 아이템들을 경매하고 있어.

2 낙찰

✧ 경매에 나온 물건이나 경쟁하는 일을 어떤 사람이나 업체가 가져가도록 결정하는 걸 '낙찰'이라고 해.

✧ 경매에 도자기가 나왔고 세 명의 사람이 오른쪽과 같은 가격에 사려고 해.

누가 가장 값을 높게 불렀지? ⇨

그렇다면 도자기를 낙찰 받을 사람은 누굴까?

⇨

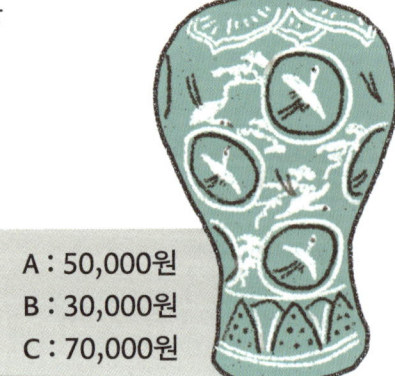

A : 50,000원
B : 30,000원
C : 70,000원

3 세기

◆ 시간을 100년 단위로 세는 방법이 있어.
1년부터 100년까지를 1세기, 101년부터 200년까지를 2세기로 부르는 거야.
즉, 20세기는 1901년부터 2000년까지를 말하는 셈이지.

◆ 현재 우리는 몇 세기에 살고 있을까?

⇨ [　　　] 세기

◆ 기사 속에서 언급한 18세기는 몇 년부터 몇 년까지를 말하는 걸까?

⇨ [　　　] 년부터 [　　　] 년까지

4 작자 미상

◆ 작품의 원작자가 누구인지 알 수 없는 경우를 '작자 미상'이라고 해.
한자는 아래와 같이 쓰는데, 의미를 생각하면서 음과 뜻을 각각 알맞게 이어볼래?

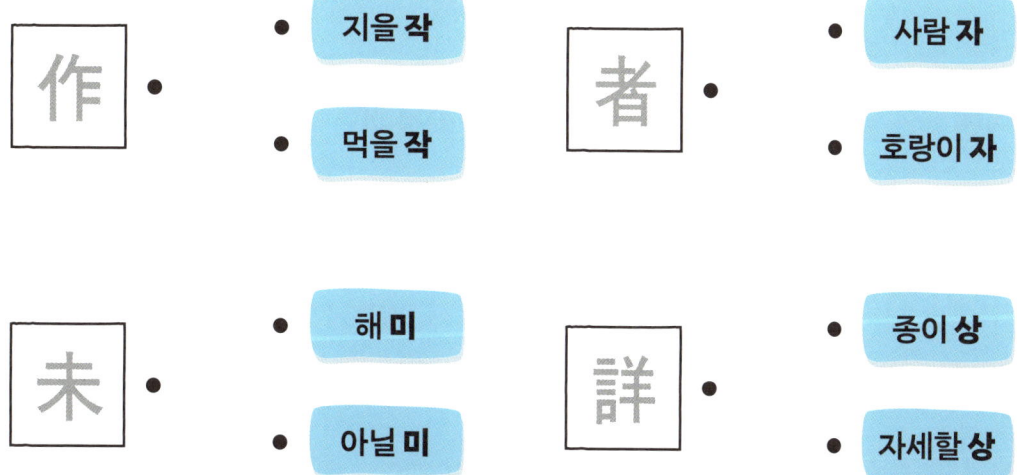

써보기

단어장

출품
出 날 출 品 물건 품
전람회, 전시회, 품평회 등에 작품이나 물품을 내어놓음

단아
端 끝 단 雅 맑을 아
단정하고 아담함

완성도
完 완전할 완 成 이룰 성 度 법도 도
어떤 일이나 예술 작품 등이 질적으로 완성된 정도

고미술
古 옛 고 美 아름다울 미 術 재주 술
고대의 미술

RM

세계적인 인기 K팝 그룹 BTS의 리더

애호가
愛 사랑 애 好 좋을 호 家 집 가
어떤 사물을 사랑하고 좋아하는 사람

 이번 뉴스는 어떤 내용을 담고 있니? 짧게 써볼래?

경매에서 달항아리가
고가에 팔린 이유는 뭘까?

달항아리를 본 적 없는
친구에게 소개한다면
뭐라고 할 수 있을까?

네가 가진 물건 중 하나를 가족들에게 판다면,
가장 비싸게 팔릴 물건은 무엇이니?
또 가족 중 누구에게 그 물건을 팔면 좋을까?
이유를 함께 써줘.

더 알아보기

Book

◇ **나는 달항아리야**
권은정 글 | 이혜원 그림 | 고래책빵 | 42쪽 | 12,000원

한국 고유의 정서가 담긴 달항아리에 우리나라의 역사를 빗대 한 편의 이야기로 풀어낸 그림동화야.

Video

◇ **조선의 멋 '달항아리'…60억 원에 팔린 이유는?**

신문기사 속 60억 원에 팔린 달항아리 소식을 담은 뉴스 영상이야.

◇ **위대한 유산 1부 – 조선 백자의 꿈**

조선 백자에 대해 상세하게 설명한 다큐멘터리야. 길지만 한번 보길 바라.

17 목성으로 향하는 탐사선, 주스

2023년 4월 유럽우주국(ESA)이 목성 탐사선 주스(JUICE)를 발사했습니다. 목성은 지구와 화성 다음에 있는 행성으로 태양계에서 가장 큽니다. 질량이 지구보다 320배나 크고 압력이 강해서 직접 관측하기 매우 어렵습니다. 목성 주변을 도는 위성은 무려 92개나 되는데, 주스는 그 중 가니메데, 칼리스토, 유로파로 불리는 3개의 위성을 탐사할 계획입니다.

무게가 6톤 정도 되는 주스는 60억 킬로미터를 날아 목성에 도착하는 데 약 8년 정도 걸립니다. 목성으로 곧장 날아가지 않고 금성을 한 번, 지구를 세 번 돌면서 비행하기 때문입니다. 다른 행성의 중력을 이용하여 비행하면 연료를 아낄 수 있습니다. 그래서 주스는 금성과 지구에 가까이 다가가면 탐사선의 엔진을 끄고, 중력에 끌려간 후 다시 켜는 방식으로 비행합니다.

주스는 2031년 7월 목성 궤도에 도착할 예정입니다. 유럽우주국은 "목성에 대해 자세히 탐구하고, 목성의 위성에 살고 있을지도 모를 생명체를 살필 것"이라고 밝혔습니다. 한편 나사(미국항공우주국, NASA)는 위성 유로파 탐사를 위해 2024년 10월 탐사선 '유로파 클리퍼'를 쏘아 올릴 예정입니다.

ⓒ NASA

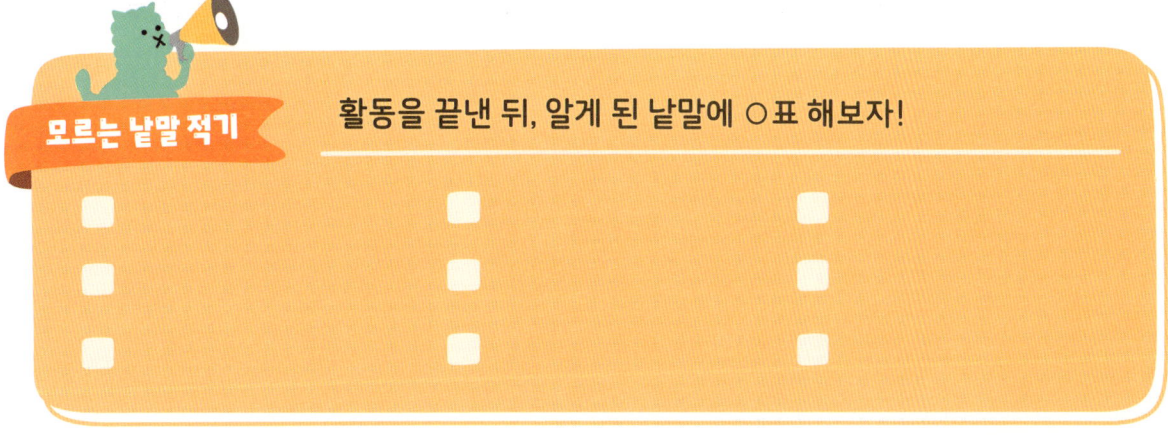

모르는 낱말 적기 — 활동을 끝낸 뒤, 알게 된 낱말에 ○표 해보자!

◇ 소리내어 읽었나요? ✓   쉬움 ←→ 어려움

배우기

1 유럽우주국

✧ 유럽에 속한 여러 나라들이 모여서 만든 우주기구를 '유럽우주국'이라고 해.

European	**S**pace	**A**gency
유럽	우주	정부 기관

유럽우주국의 영어 약자는 무엇일까?
첫 글자만 따서 써볼래? ⇨ | | | |

2 탐사선 주스

✧ 목성 탐사선 주스는 참 귀여운 이름을 가지고 있지?

왜 이름이 주스인 걸까?
각 단어 속에서 영어 약자를 찾아 ○표 해볼래?

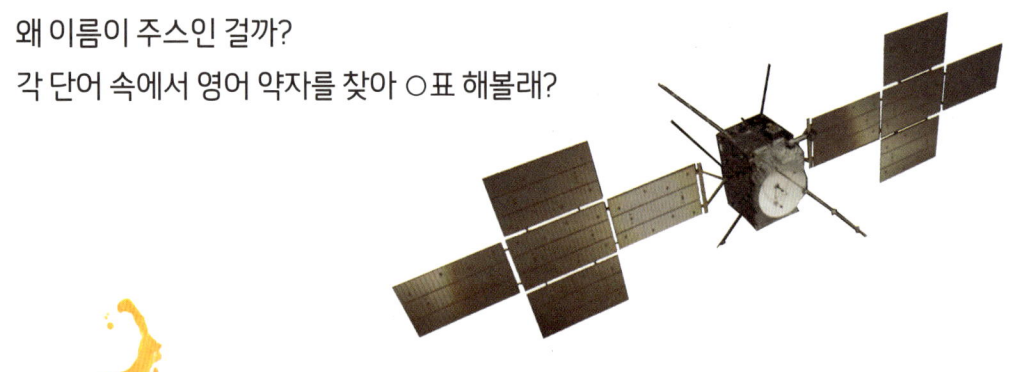

JUICE ⇨

JUpiter	ICy moons	Explorer
목성	얼음 위성 (얼음으로 덮인 달)	탐사선

3 목성

✧ 목성은 지구와 화성 다음에 있는 행성으로 태양계에서 가장 커.
아래 태양계 그림에서 목성을 찾아서 ○표 해봐.

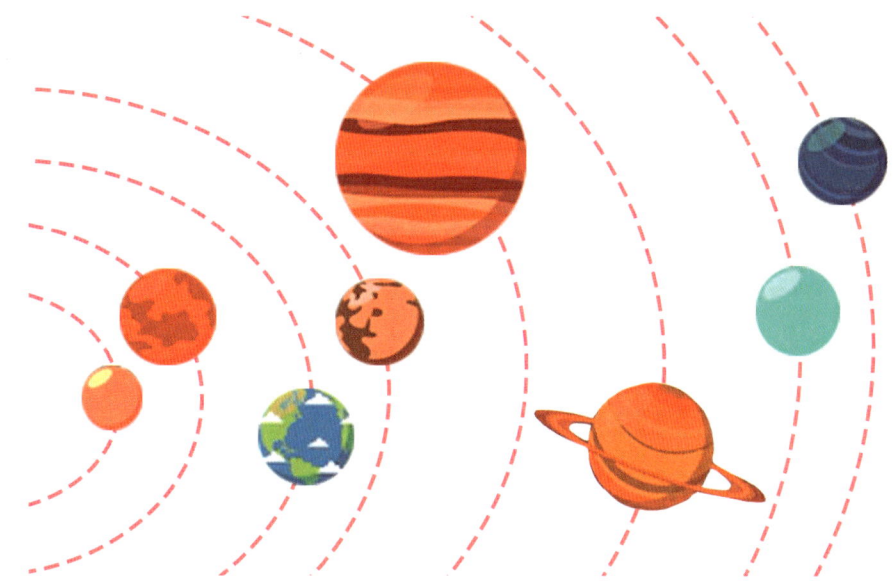

✧ 주스는 금성을 한 번, 지구를 세 번 돈 뒤에 목성으로 가기 때문에 8년이 걸린대.
위 태양계 그림에 탐사선 주스가 목성까지 가는 길을 그려볼래?

4 질량

바탕 질 | 헤아릴 량

✧ 어떤 물체에 포함되어 있는 물질의 양을 '질량'이라고 해.

지구의 질량보다 목성의 질량이 320배 크다고 해.
지구의 질량이 2라고 한다면 목성의 질량은 얼마일까?

지구   목성   

107

써보기

단어장

압력
壓 누를 압 力 힘 력
특정 면적에 가해지는 힘의 크기

중력
重 무거울 중 力 힘 력
지구 위의 물체가 지구로부터 받는 힘

궤도
軌 바퀴 자국 궤 道 길 도
행성, 혜성, 인공위성 등이 중력의 영향을 받아 다른 천체의 둘레를 돌면서 그리는 곡선의 길

위성
衛 지킬 위 星 별 성
지구의 달과 같이, 행성의 끌어당기는 힘에 의해 그 둘레를 도는 천체

연료
燃 불탈 연 料 헤아릴 료
숯, 석탄, 나무, 석유, 가스 등 연소하여 열, 빛, 동력의 에너지를 얻을 수 있는 물질을 통틀어 이르는 말

 이번 뉴스는 어떤 내용을 담고 있니? 짧게 써볼래?

유럽우주국에서는 왜 탐사선 주스를
목성으로 보내는 걸까?

목성의 위성에 생명체가
살고 있을까?
살고 있다면 어떤 모습일까?

네가 탐사선을
만들 수 있다면
태양계 어느 행성으로
보내고 싶어?
그 이유를 함께 설명해줄래?

더 알아보기

Tip

◇ 주스의 경로

실제 주스의 경로는 아래 그림과 같아.

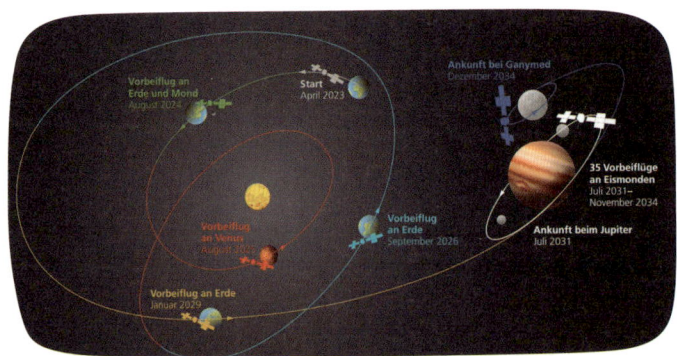

Video

◇ 목성 얼음위성 탐사 유럽 주스호 발사…8년 여정 시작

목성 탐사선 주스의 긴 여정이 시작되었을 때의 뉴스 영상이야.

◇ 목성의 위성들

이오, 유로파, 가니메데, 칼리스토 4개의 갈릴레이 위성을 설명한 영상이야.

새를 찍는 16세 사진작가

내셔널지오그래픽 '이달의 나도 사진작가'에 16세 김서진 군이 당당히 당선되었습니다. 내셔널지오그래픽은 세계의 자연과 동식물을 다루는 잡지입니다. 김서진 군이 찍은 사진은 물가의 새가 물고기를 부리로 낚아채는 순간을 잘 포착했는데, 전문가 못지않은 실력을 보여줍니다. 당선 당시 그의 촬영 경력은 불과 2년도 되지 않았습니다.

김서진 군은 어릴 적부터 모란앵무새를 키우며 새의 생태를 관찰하는 탐조 활동을 꾸준히 해왔습니다. 그러던 중 자신이 키우던 앵무새 두 마리가 세상을 떠나자 집 밖에서 새를 관찰하는 일이 많아졌습니다. 그는 아름다운 새의 모습을 사진으로 기록하고 싶다는 생각에 카메라를 들었습니다. 처음에는 아버지의 오래된 카메라로 촬영을 시작했지만 용돈을 모아 새로운 장비도 마련했습니다.

김서진 군은 조류 사진을 찍으면서부터 즐겨하던 컴퓨터 게임을 관두게 되었다고 합니다. 한번 촬영을 나가면 아침부터 저녁까지 새의 움직임을 포착하기 위해 몇 시간씩 기다리기도 합니다. 그는 한 인터뷰에서 "우선 열심히 공부하고 경력을 잘 쌓아서 다큐멘터리나 동물을 찍는 일을 하고 싶다"라고 꿈을 밝혔습니다.

ⓒ 유튜브채널 스브스뉴스

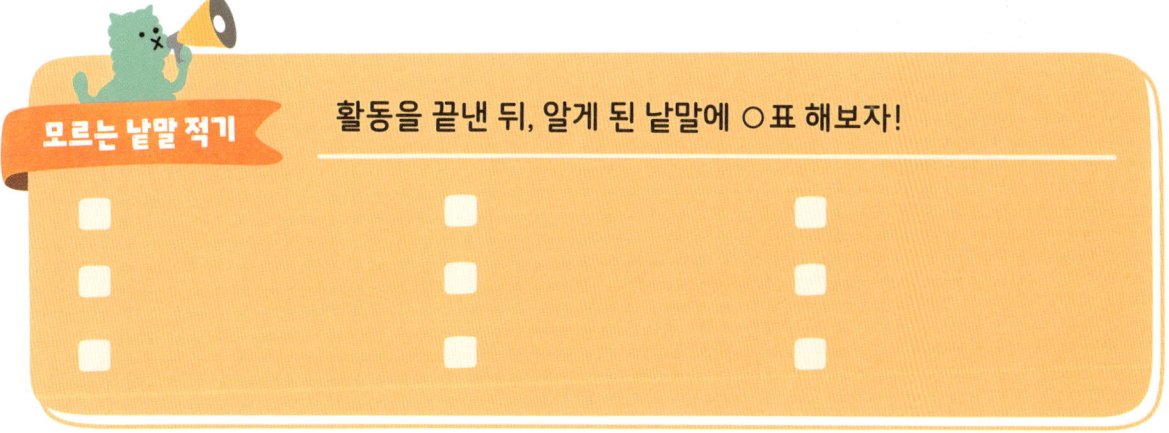

배우기

1 내셔널지오그래픽

✧ 내셔널지오그래픽이 무엇인지 신문 기사 속에 나와 있단다.
찾아서 아래에 적어볼래?

⇨ ☐

✧ 실제로 존재하는 사물이나 사건 등을 집중적으로 분석하며 다루는 영상을
'다큐멘터리'라고 하고, 줄여서 '다큐'라고 해.

현실적이고 진지한 성격의 영상이 대부분이라 일상생활 중에 진지하고 재미가 없는
상황을 만나면 "우리 다큐 찍나?"라고 농담을 하기도 하지.

2 모란앵무새

✧ 아프리카의 조그마한 앵무새 종인데,
영어 이름이 '러브버드(Lovebird)'라고 해.
주로 빛깔은 녹색인데, 눈 주위는 흰색,
윗가슴과 머리는 오렌지색이야.

모란앵무새가 어떤 모습일지 상상해서 색칠해보자!

3 탐조

찾을 탐 / 새 조

✦ 새(조류)의 생태나 사는 곳 등을 관찰하고 탐색하는 일을 '탐조'라고 해.

넌 어떤 동물을 좋아하니?
너만의 '탐○ 활동'을 만들어본다면?

⇨ 탐 [   ] 활동

4 불과

아닐 불 / 지날 과

✦ '불과'는 어떤 수량을 나타내는 말 앞에 붙여서 그 수량을 지나지 않았다는 의미로 사용해.
아래 표현의 올바른 의미를 찾아 체크해봐.

[불과 2년 전의 일]

2년도 되지 않은 일 ☐   2년이 훨씬 지난 일 ☐   정확히 2년 된 일 ☐

✦ 아래 두 낱말을 사용해서 멋진 글짓기를 해볼래?
최소 3문장은 써줘~

불과   몇 달

⇨ [   ]

써보기

단어장

당선
當 마땅 당 選 가릴 선
심사나 선발에서 뽑힘

포착
捕 잡을 포 捉 잡을 착
어떤 기회나 정세를 알아차림

장비
裝 꾸밀 장 備 갖출 비
갖추어 차림. 또는 그 장치와 설비

잡지
雜 섞일 잡 誌 기록할 지
일정한 이름을 가지고 호를 거듭하며 정기적으로 간행하는 출판물

생태
生 날 생 態 모습 태
생물이 살아가는 모양이나 상태

경력
經 날 경 歷 지날 력
현재까지 직업상의 어떤 일을 해 오거나 어떤 직위, 직책을 맡아 온 경험. 또는 그 내용

 이번 뉴스는 어떤 내용을 담고 있니? 짧게 써볼래?

김서진 군은 자신이 키우던 앵무새 두 마리가 세상을 떠나자 집 밖으로 나가 새를 관찰하기 시작했대.

다른 새들을 관찰하면서 서진 군은 어떤 생각을 했을까?

네가 좋아하는 것을 사기 위해 용돈을 모아본 적 있어? 그때 뭘 샀니?

네가 만약 다큐멘터리를 찍는다면, 어떤 사물 혹은 사람을 담고 싶어? 그 이유는 뭐야?

더 알아보기

Tip

◇ **추천 다큐멘터리**

넷플릭스에서 부모님과 함께 보기 좋은 다큐멘터리 세 편을 추천할게.

<나의 문어 선생님>

<10대 사건으로 보는
제2차 세계대전>

<앱스트랙트 :
디자인의 미학>

Video

◇ **내셔널지오그래픽 공모전 당선된 16살 천재 사진작가 클라스 직접 보고 왔다**

내셔널지오그래픽 '이달의 나도 사진작가'에 당선된 김서진 군의 이야기가 담긴 영상이야.

◇ **김진만 PD가 알려주는 자연 다큐멘터리의 모든 것!**

자연 다큐멘터리 PD가 직접 알려주는 자연 다큐멘터리의 모든 것을 담은 영상이야.

날짜　년　월　일

세계 최고 금속활자본 50년 만에 공개

세계에서 가장 오래된 금속활자 인쇄본인 '직지심체요절'(直指心體要節, 직지)이 50년 만에 관람객들을 다시 만났습니다. 프랑스 파리의 프랑스 국립도서관이 2023년 4월 12일부터 7월 16일까지 '인쇄하다! 구텐베르크의 유럽' 전시회에서 직지를 공개한 것입니다.

직지는 백운이라는 고려시대 스님이 부처님의 가르침을 요약한 책입니다. 1377년에 충청북도 청주 흥덕사에서 금속활자로 인쇄되었습니다. 이는 유럽에서 구텐베르크가 성서를 금속활자로 인쇄한 1455년보다 78년 앞선 것입니다.

원래 직지는 상권과 하권으로 나뉘어 간행되었지만 현재는 상권은 전해지지 않고 하권만 프랑스에 남아 있습니다. 직지는 1886년 조선에 파견된 프랑스 외교관 콜랭 드 블랑시가 구입하여 프랑스로 가져간 후, 골동품 수집가 앙리 베베르의 손을 거쳐 1950년에 프랑스 국립도서관에 기증되었습니다.

직지는 2001년 유네스코 세계기록유산으로 등재되었지만, 여전히 프랑스 국립도서관이 소장하고 있습니다. 우리나라 문화재청이 직지를 돌려달라고 요청했지만 강제로 약탈한 문화재가 아니라는 이유로 프랑스는 반환을 거부했습니다.

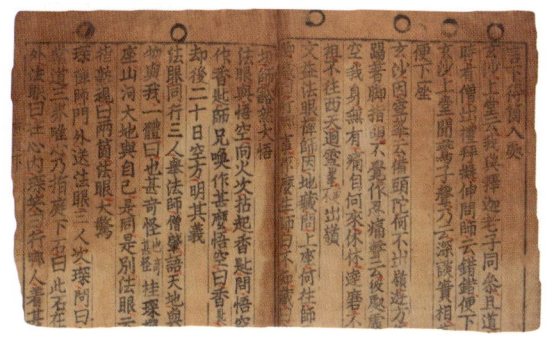

ⓒ 프랑스국립도서관

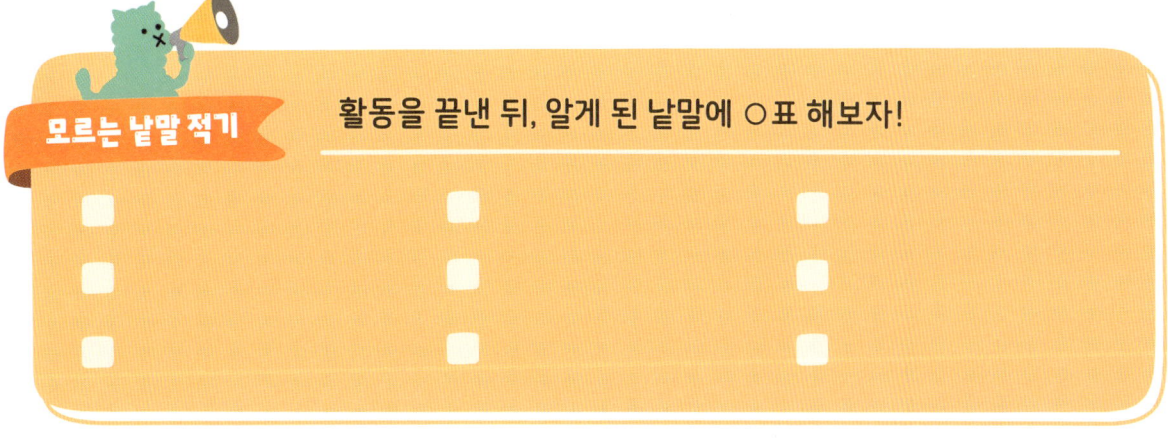

모르는 낱말 적기　활동을 끝낸 뒤, 알게 된 낱말에 ○표 해보자!

◇ 소리내어 읽었나요? ✓　　쉬움 ←→ 어려움

배우기

1 직지심체요절

♦ 『직지심체요절』은 고려 말 백운 스님이 지은 불교 관련 책이야. 책의 원래 제목은 『백운화상초록불조직지심체요절』이란다. 줄여서 『불조직지심체요절』, 『직지심체요절』, 『직지』 등으로 불러.

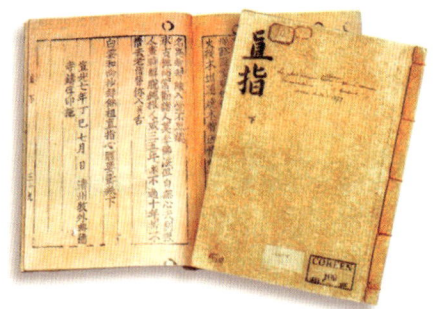

直	指	心	體	要	節
곧을 직	가리킬 지	마음 심	몸 체	요긴할 요	마디 절

ⓒ청주시청

복원 중인
직지 금속활자

2 금속활자

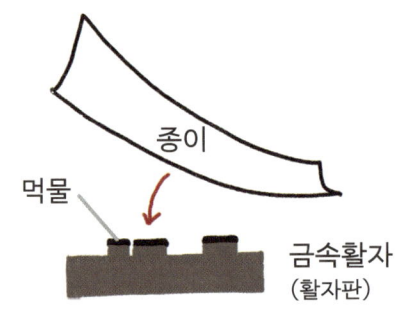

먹물 — 종이 → 금속활자 (활자판)

♦ 금속활자판에 먹물을 바르고 종이를 찍어 문지르면 인쇄가 되는 원리란다.

♦ 아래처럼 '직지'라는 글자를 찍기 위해서는 금속활자 모양이 어때야 할지 생각해서 골라봐.

직지   1 직 지   2 ㅈ ㅣ ㅈ   3 ㅣㅈ ㅣㅈ

3 유네스코 세계기록유산

✧ 유네스코 세계기록유산은 유네스코에서 지정하는 문화재야. 역사와 문화적으로 중요한 사건이나 문서, 물건 등을 보존하기 위해 지정하는 거야.

✧ 네가 가진 물건이나 문서, 중요한 사건들 중 유네스코 유산으로 남겨두고 싶은 게 있어?

⇨

4 직지의 역사

1377년 | 충청북도 청주 흥덕사에서 금속활자로 인쇄

1886년 | 조선에 파견된 프랑스 외교관 콜랭 드 블랑시가 구입하여 프랑스로 가져감

1950년 | 골동품 수집가 앙리 베베르의 손을 거쳐 프랑스 국립도서관에 기증됨

✧ 2001년에는 직지에 무슨 일이 있었는지 기사 내용을 보고 적어볼래?

⇨

써보기

단어장

요약
要 요긴할 요 約 맺을 약
말이나 글의 요점을 잡아서 간추림

간행
刊 새길 간 行 다닐 행
책 등을 인쇄하여 발행함

약탈
掠 노략질할 략(약) 奪 빼앗을 탈
폭력을 써서 남의 것을 억지로 빼앗음

성서
聖 성인 성 書 글 서
종교에서 교리를 기록한 경전

파견
派 갈래 파 遣 보낼 견
일정한 임무를 주어 사람을 보냄

반환
返 돌이킬 반 還 돌아올 환
빌리거나 차지했던 것을 되돌려줌

 이번 뉴스는 어떤 내용을 담고 있니? 짧게 써볼래?

프랑스 국립도서관이
'인쇄하다! 구텐베르크의 유럽' 전시회에서
직지를 전시한 이유는 무엇일까?

직지에는
어떤 내용이
담겨 있을까?

만약 프랑스 정부에 우리 문화재인 직지를
돌려달라는 편지를 쓴다면 뭐라고 쓰겠니?

더 알아보기

Book

◇ **직지심체요절**

김홍영, 라경준 글 | 최준규 그림 | 주니어김영사 | 64쪽 | 8,500원

직지심체요절이 누구에 의해 쓰여졌고, 어떤 내용을 담고 있으며, 왜 만들어졌는지 알아보면서 우리 조상들의 기록 정신을 엿볼 수 있는 책이야.

Video

◇ **직지, 활자의 시간여행**

'직지'에 관련된 다양한 이야기가 담긴 영상이야. 총 5부작이란다.

◇ **반세기 만에 공개… 세계 최고 금속활자본 '직지' 전시**

50년 만에 모습을 드러낸 세계에서 가장 오래된 금속활자본 '직지' 이야기를 담은 뉴스 영상이야.

20 열기구를 타고 우주 가까이 날아간다고?

머지않아 열기구를 타고 우주 가까이 비행할 수 있습니다. 프랑스 우주기업 제팔토는 2025년 지구의 성층권(10~50킬로미터)을 비행하는 서비스를 개시합니다. 제팔토의 비행 풍선 셀레스트는 수소나 헬륨으로 만들어진 캡슐로, 지상으로부터 고도 25킬로미터까지 비행하는 것을 목표로 삼고 있습니다. 물론 지구와 우주를 가르는 기준인 고도 100킬로미터까지 비행하지는 않지만, 우주의 어둠 속에서 지구를 볼 수 있는 것입니다.

셀레스트에는 조종사 2명과 승객 6명이 탑승할 수 있습니다. 비행하는 동안 승객들에게는 프랑스 요리와 고급 와인이 제공됩니다. 비행에 소요되는 시간은 총 6시간이며, 상승과 하강에 3시간이 걸린다고 합니다. 나머지 시간에는 승객들이 지구를 감상하며 식사를 할 수 있습니다.

현재 제팔토는 사전 예약 보증금으로 5만 1천 유로(약 7,600만 원), 티켓 비용으로 17만 유로(약 2억 5천만 원)를 받고 있습니다. 제팔토에 앞서 지난 2021년 7월 우주기업 블루오리진은 우주선에 승객 4명을 싣고 고도 107킬로미터 상공을 비행하는 데 성공해 약 11분간 머물다 지구에 다시 착륙한 적이 있습니다.

ⓒ 제팔토(Zephalto)

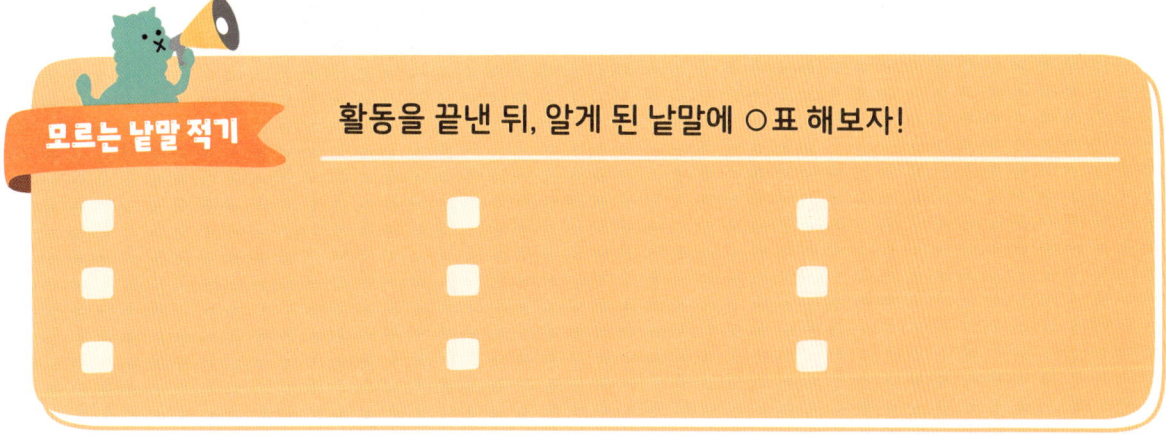

모르는 낱말 적기 활동을 끝낸 뒤, 알게 된 낱말에 ○표 해보자!

◇ 소리내어 읽었나요? 쉬움 ← → 어려움

배우기

1 열기구

✧ 열기구는 열을 이용하여 오르는 대형 풍선이야.
기구 안의 공기를 불로 데우면, 내부 공기의 밀도가 외부 공기보다 낮아져 가벼워지면서 하늘로 떠오르게 되는 원리지. 다음 열기구들을 마음에 드는 색으로 색칠해볼래?

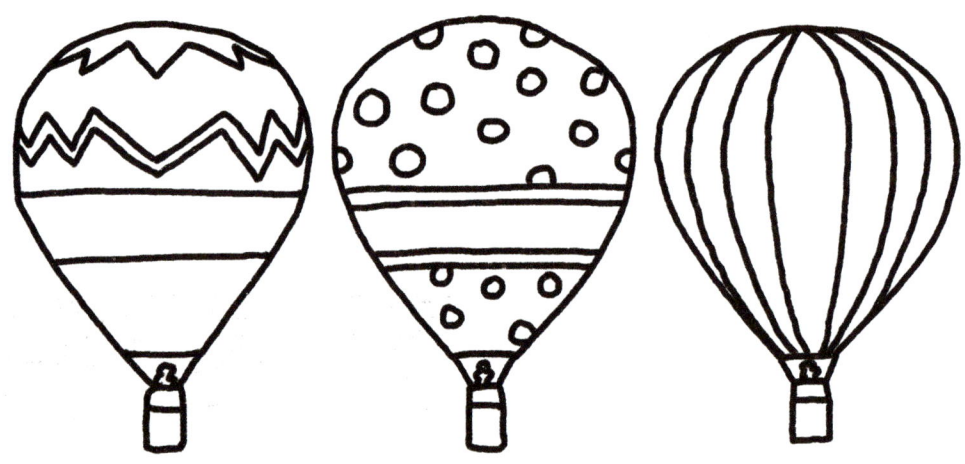

2 대기권

✧ 제팔토에서 만든 셀레스트는 어디를 비행하게 될까? 신문기사 속에서 답을 찾아봐!

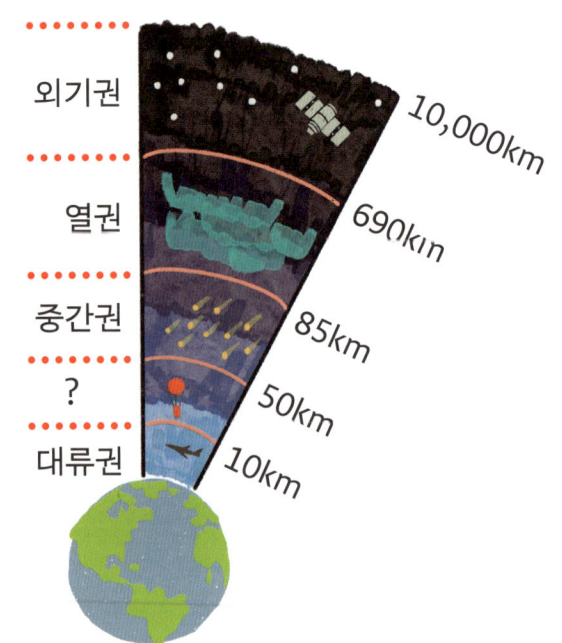

3 보증금

✧ 보증금은 무언가를 예약하거나 빌릴 때 미리 맡겨 놓는 돈이야.
제팔토에서는 한정된 좌석 때문에 티켓 비용의 약 30퍼센트를 보증금으로 미리 지불받는대. 하지만, 보통 물건을 빌릴 때 내는 보증금은 물건을 반납할 때 되돌려받을 수 있어.

✧ 자전거 대여점의 비용이 다음과 같아.

자전거 대여
보증금 3,000원 | 1시간 사용료 2,000원

자전거를 2시간 타기 위해 필요한 돈의 총액은 얼마일까? ⇨ ☐ 원

자전거를 2시간 탔다면 실제로 쓴 돈은 얼마일까? ⇨ ☐ 원

4 상승/하강

 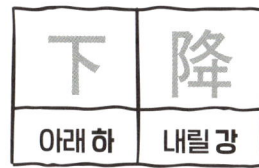

✧ 위 한자를 살펴본 뒤 아래 열기구들이 어떤 상황인지 써볼래?

# 써보기

단어장

개시
開 열 개 始 비로소 시
행동이나 일 등을 시작함

수소
水 물 수 素 본디 소
빛깔과 냄새와 맛이 없고 불에 타기 쉬운 모든 물질 가운데 가장 가벼운 기체 원소

헬륨
helium
수소 다음으로 가볍고 공기 가운데 아주 적은 양이 들어 있는 빛깔과 냄새가 없는 기체

고도
高 높을 고 度 법도 도
평균 해수면 등을 0으로 하여 측정한 대상 물체의 높이

탑승
搭 탈 탑 乘 탈 승
배, 비행기, 차 등에 올라탐

소요
所 바 소 要 요긴할 요
필요로 하거나 요구되는 바

 이번 뉴스는 어떤 내용을 담고 있니? 짧게 써볼래?

제팔토의 셀레스트는
6시간 동안 비행하는데,
상승과 하강에 3시간을 쓰고 나면
3시간이 남는단다.
만약 네가 셀레스트에 탄다면
이 시간 동안
무엇을 하고 싶니?

성층권에서 지구를
바라보면 어떤 기분일까?

제팔토를 비롯한
우주기업들은
우주여행 상품을
계속 만들어내고 있어.

사람들은 왜 우주여행을
하고 싶은 걸까? 너도 기회가 생긴다면
우주에 가보고 싶니?

더 알아보기

Tip

◇ 제팔토(Zephalto)
제팔토는 프랑스의 우주기업이야.

제팔토에서 만든 우주여행 캡슐
셀레스트의 겉모습이야.

셀레스트 내부는
이런 모습이래.

Video

◇ 우주에서 즐기는 지구 뷰 레스토랑?

제팔토의 셀레스트 우주 캡슐 관련 소식을 전한 영상이야.

◇ 우주 다큐 : 얼마나 올라가야 진짜 우주에 도착했다고 할 수 있을까?

대기권을 쉽게 설명해준 영상이야. 성층권에 대해서도 잘 이해할 수 있을 거야.

21 한국어로 묻고 답하는 구글 AI 챗봇

2024년 2월 구글은 자체 개발한 인공지능(AI) 챗봇 '바드'의 이름을 '제미나이'로 바꾸고, 제미나이가 한국어를 포함해 40개 이상의 언어를 지원한다고 밝혔습니다.

챗봇 바드가 첫선을 보인 것은 2023년 2월입니다. 챗봇이란 'chat'(수다를 떨다)과 'robot'(로봇) 두 단어가 합쳐진 신조어로, 사람과 대화가 가능한 인공지능을 뜻합니다. 챗봇에 우리가 궁금한 내용을 물으면 5,300억 개의 데이터를 바탕으로 원하는 답을 찾아 알려 줍니다.

처음에는 바드를 영어로만 이용해야 했습니다. 그러나 구글은 영어에 이어 두 번째로 한국어와 일본어를 지원했습니다. 순다르 피차이 구글 최고경영자(CEO)는 그 이유를 "1999년 서울을 방문해 택시를 탔는데, 운전자가 휴대전화 3대를 이용하는 것에 강렬한 인상을 받았다"라고 말하며, 한국은 모바일과 인터넷 분야에서 가장 앞서나가고 세계 최고의 기술력을 갖추고 있는 나라이기 때문이라고 설명했습니다. 그는 "가능한 한 많은 사람들에게 정보와 지식을 제공하기 위해서 인공지능을 개발하기 시작했고 그 꿈이 곧 눈 앞에 펼쳐질 것"이라고 포부를 밝혔습니다.

ⓒ 구글

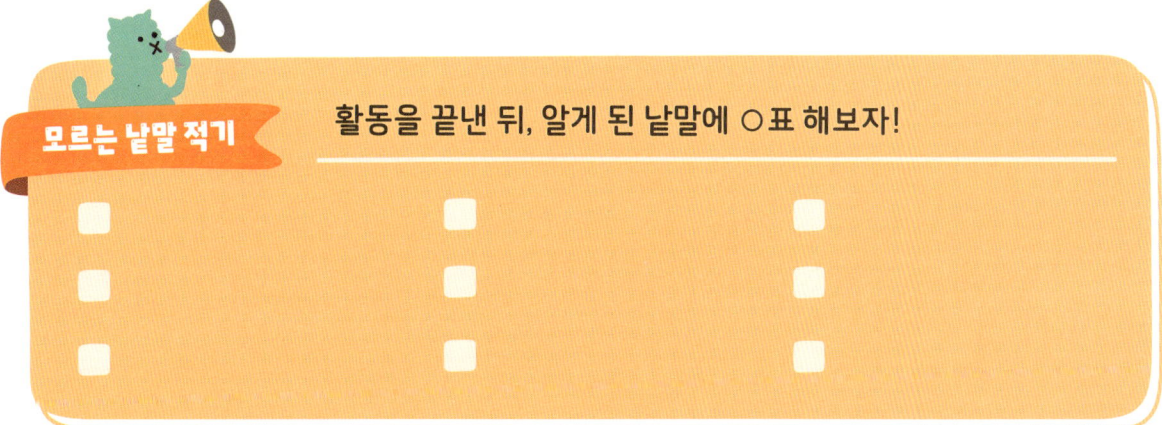

모르는 낱말 적기   활동을 끝낸 뒤, 알게 된 낱말에 ○표 해보자!

◆ 소리내어 읽었나요? ✓

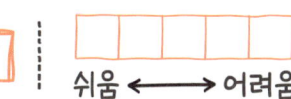

쉬움 ←→ 어려움

배우기

1 인공지능

✧ 컴퓨터(기계)가 사람처럼 생각하고 학습할 수 있는
기술을 '인공지능'이라고 해. 'AI'라고도 흔히 불리지.

AI =	Artificial	Intelligence
	인공(인위적인)	지능

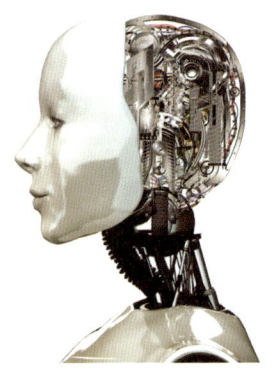

✧ 인공지능은 많은 데이터와 규칙을 학습해서 판단하고 결정할 수 있어.
현재 우리의 일상에서 다양한 형태로 사용되고 있지.

다음은 인공지능 기술이 사용된 사례인데, 어떤 기술인지 설명을 알맞게 이어볼래?

음성 비서 •	• 다른 나라 언어로 작성된 문장을 한국어로 번역해줌
추천 알고리즘 •	• 스마트폰의 얼굴 잠금 해제 등 사진이나 비디오 속 얼굴을 인식함
자동 번역 •	• 스마트폰이나 스피커가 사람의 음성을 알아듣고 그 명령을 이해하고 실행함
이미지 인식 •	• 인공지능과 센서 기술이 합쳐져 주변환경을 인식하여 자동으로 주행하는 자동차
자율주행 자동차 •	• 온라인 쇼핑 사이트나 유튜브 등에서 좋아할 만한 것을 알아서 추천, 노출해줌

2 챗봇

✧ '챗봇'이라는 단어는 영어 단어 두 개를 합쳐서 만든 거야.

챗봇을 영어로 쓸 수 있겠니?

⇨ | | | | | | | |

3 포부

✧ 마음속에 지니고 있는, 미래에 대한 계획이나 희망을 '포부'라고 한단다.

✧ 너에게는 어떤 '포부'가 있니?

⇨

써보기

단어장

지원
支 지탱할 지 援 도울 원
지지하여 도움

수다
쓸데없이 말수가 많음. 또는 그런 말

분야
分 나눌 분 野 들 야
여러 갈래로 나누어진 범위나 부분

첫선
처음 세상에 내놓음

신조어
新 새 신 造 지을 조 語 말씀 어
새로 생긴 말

 이번 뉴스는 어떤 내용을 담고 있니? 짧게 써볼래?

구글의 인공지능 챗봇이 영어에 이어
두 번째로 한국어 서비스를 한 이유는 무엇이었을까?

인공지능 챗봇에게
묻고 싶은 걸
한번 적어볼까?

'제미나이'나 '챗지피티'에게
물어보렴. 어떤 답을 했니?

너는 인공지능을 활용해서
무엇을 만들거나 해보고 싶니?

더 알아보기

Tip

◇ 챗지피티(ChatGPT)와 제미나이(Gemini)

사실 이전에 가장 크게 이슈가 되었던 챗봇은 오픈AI 회사에서 만든 '챗지피티'란다. 챗지피티와 제미나이 모두 사람과 대화하거나 질문에 답하는 대화형 인공지능 모델이야.

챗GPT   제미나이

Video

◇ 초등학생도 이해하는 인공지능 총 정리

인공지능이란 무엇이고 어떻게 생겨났는지 아주 쉽게 설명한 영상이야.

◇ 베일 벗은 구글 바드, 한국 등 180개국 서비스 시작… 챗GPT와 비교하니

오픈AI의 '챗지피티'와 구글의 '바드'를 비교한 영상이야.

이순신 장군 동상에는 한글이 없다?

서울 세종대로 광화문광장에는 임진왜란 당시 왜군을 23차례나 싸워 물리친 이순신 장군 동상이 있습니다. 그런데 이순신 장군상에는 한글이 없습니다. 동상 아래에는 '충무공이순신 장군상'(忠武公李舜臣將軍像)이라는 한자가 적혀 있습니다.

광화문광장은 많은 학생들이 현장체험학습을 나오기도 하는 역사적인 공간입니다. 하지만 이곳을 지나다니는 아이들은 대부분 동상에 적힌 한자를 읽지 못합니다. 이런 현실을 안타까워한 국어학자 김슬옹 세종국어문화원장은 충무공의 478돌 탄신일인 2023년 4월 28일, 동상 앞에서 1인 시위를 벌였습니다. 원장이 든 팻말에는 "대한민국의 자랑스러운 장군 이름을 한글로 적지 않는 부끄러운 대한민국! 이순신 장군 이름을 왜 한자로 적습니까?"라고 적혀 있었습니다.

게다가 이순신 장군 동상 뒤에는 한글을 만든 세종대왕의 동상이 있습니다. 이곳을 방문하는 외국인 관광객들도 이순신 장군 동상의 한자를 보고 의아해 합니다. 김슬옹 원장은 "한글전용법의 취지에 맞게 한자 현판을 '충무공 이순신 장군상'이라는 한글로 바꿔야 한다"라고 주장하며 서울시에 강력히 항의하겠다는 뜻을 밝혔습니다.

ⓒ 서울시

모르는 낱말 적기 — 활동을 끝낸 뒤, 알게 된 낱말에 ○표 해보자!

◇ 소리내어 읽었나요? ✓

쉬움 ←→ 어려움

배우기

1 광화문광장

◆ 광화문광장은 대한민국의 역사와 문화의 중심과도 같은 곳이란다. 역사적인 의미를 더욱 잘 이어가고, 시민들이 광장에서 휴식과 산책을 즐길 수 있도록 계속해서 정비하는 중이야.

◆ 세종대왕 동상과 충무공 동상을 오른쪽 사진에서 각각 찾아 ○표 해볼래?

2 한글 표기

忠	武	公	李	舜	臣
충성 충	호반 무	공평할 공	오얏 이(리)	순임금 순	신하 신

將	軍	像
장수 장	군사 군	모양 상

◆ 현재 이순신 장군상 아래에는 위와 같은 한자가 적혀 있대. 한글로 바꿔 표기한다면 어떻게 써야 할까?

⇨ | | | | | | | | | |

3 이순신 장군

✧ 이순신 장군은 대한민국 역사상
가장 훌륭한 장군으로 손꼽히고 있단다.

전략이 뛰어나고
활 솜씨도 대단하였지.
명량해전이 이순신 장군이 이끈
가장 유명한 전투란다.

이순신 장군을
멋지게 색칠해줄래?

4 돌

✧ 생일이 돌아온 횟수를 세는 단위야. 태어난 날로부터 한 해가 되는 날을 의미하기도 해.
너의 첫돌은 언제였어?

⇨ ☐ 년 ☐ 월 ☐ 일

✧ 충무공의 478돌이 2023년 4월 28일이었대.
충무공은 몇 년도에 태어난 걸까?

⇨ ☐ 년

써보기

단어장

임진왜란
선조 25년(1592)에 일본이 조선을 침입하여 약 7년간 계속되다가 조선이 승리한 전쟁

시위
示 보일 시 威 위엄 위
많은 사람이 공공연하게 의사를 표시하여 집회나 행진을 하며 위력을 나타내는 일

현판
懸 달 현 板 널빤지 판
글자나 그림을 새겨 문 위나 벽에 다는 널조각

탄신일
誕 낳을 탄 辰 때 신/별 진 日 날 일
성인이나 임금이 태어난 날

한글전용법
한글 + 專 오로지 전 用 쓸 용 法 법 법
한글의 가치를 인정하고 정체성을 보호하기 위해 모든 공용문서를 한글로 쓸 것을 규정한 법률

항의
抗 겨룰 항 議 의논할 의
못마땅한 생각이나 반대의 뜻을 주장함

 이번 뉴스는 어떤 내용을 담고 있니? 짧게 써볼래?

이순신 장군 동상의 이름이
한자로 적혀 있는 까닭이 뭘까?
네 생각을 써줘.

거리에서 한자로 적힌
간판이나 안내판을 보면
어떤 생각이 드니?

광화문 이순신 장군상의
한자 현판을 한글로 바꿔야
한다는 주장에 대해
너는 찬성하니?
반대하니?

그 이유도 적어볼래?

더 알아보기

Book

◇ **어린이를 위한 이순신의 바다**

황현필 원작 | 윤희진 글 | 최민준 그림 | 위즈덤하우스 | 148쪽 | 22,000원

옥포해전을 시작으로 이순신이 23전 23승의 불패 신화를 써 내려간 임진왜란 7년에 집중하여 이야기한 책이야.

Video

◇ **한번도 패전하지 않은 레전드 오브 레전드, 성웅 이순신 장군의 인생**

한국사 최고 위인 중 한 명인 이순신 장군의 생애를 알차게 설명한 영상이야.

◇ **칼 든 이순신, 활 든 이순신, 뭐가 맞나?**

광화문광장에 있는 이순신 동상을 둘러싼 여러 논란이 있는데, 그 논란들에 대해 설명한 영상이야.

날짜   년   월   일

23 가야의 옛 무덤, 유네스코 세계유산 되다

2023년 9월 17일 사우디아라비아 리야드에서 열린 제45차 세계유산위원회는 가야의 고분군을 세계유산 목록에 올리기로 최종 결정했습니다. 최응천 문화재청장은 "지난 10여 년의 노력 끝에 동아시아 고대 문명의 다양성을 보여주는 가야 고분군의 가치가 세계로부터 인정받았다"라고 말하며 기쁨을 감추지 못했습니다.

가야는 자체적인 역사 기록이 남아 있지 않아 오랫동안 '잊힌 왕국'으로 불려왔습니다. 가야는 고구려, 백제, 신라와 함께 한반도 남부에 있었던 고대 국가입니다. 여러 작은 왕국이 모여 만든 연맹 국가였으며 낙동강 일대에서 문명을 꽃피웠습니다. 하지만 통일된 국가로 성장하지 못했고, 결국 562년 신라에 흡수되었습니다.

가야 고분군은 1~6세기에 걸쳐 전라도와 경상도 일대에 분포했던 7개의 고분군으로 이루어져 있습니다. 전북 남원시 유곡리와 두락리, 경북 고령군 지산동, 경남 김해시 대성동, 경남 함안군 말이산, 경남 창녕군 교동과 송현동, 경남 고성군 송학동, 경남 합천군 옥전 고분군 등입니다. 이로써 우리나라는 문화유산 14건, 자연유산 2건 등 총 16건의 세계유산을 보유하게 되었습니다.

ⓒ 문화재청

모르는 낱말 적기 활동을 끝낸 뒤, 알게 된 낱말에 ○표 해보자!

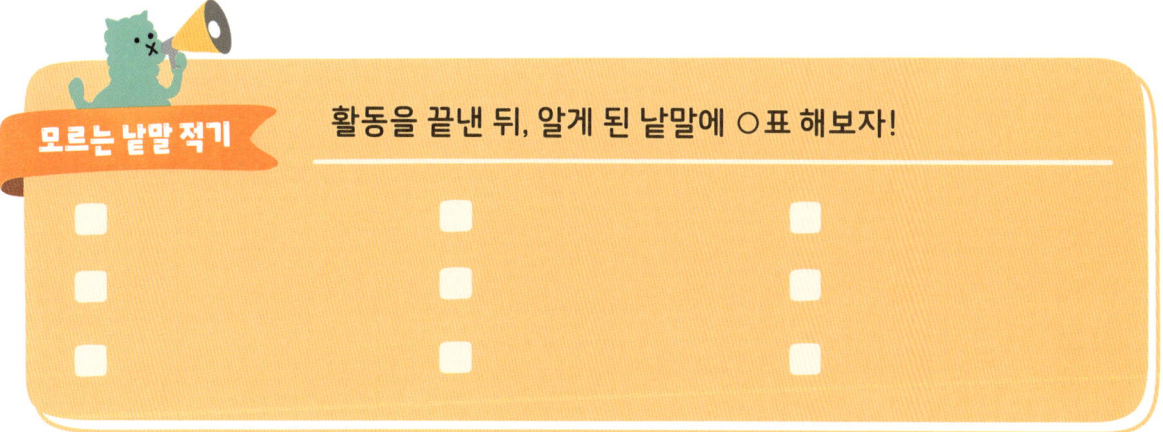

◇ 소리내어 읽었나요? ✓

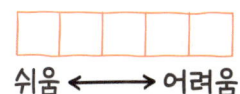

쉬움 ←→ 어려움

배우기

1 가야

✧ 가야는 삼국시대 때 한반도 남쪽에 있었던 연맹 국가야.

오른쪽 지도에서 가야를 찾아서 색칠해볼래? 잘 모르겠으면 검색해봐도 좋아.

2 세계유산

✧ 유네스코 세계유산위원회는 세계적으로 특별히 중요하고 소중한 문화유산과 자연유산을 보호하고 관리하는 단체야.

아래는 현재까지 지정된 우리나라의 세계유산 목록이야. 알거나 가본 곳이 있다면 ○표 해봐.

- 조선왕릉(2009)
- 한국의 서원(2019)
- 산사, 한국의 산지승원(2018)
- 경주역사유적지구(2000)
- 한국의 갯벌(2021)
- 고창, 화순, 강화의 고인돌 유적(2002)
- 남한산성(2014)
- 백제역사유적지구(2015)
- 제주 화산섬과 용암동굴(2007)
- 석굴암과 불국사(1995)
- 한국의 역사마을: 하회와 양동(2010)
- 수원화성(1997)
- 종묘(1995)
- 창덕궁(1997)
- 해인사장경판전(1995)

3 고분

♦ 고대에 죽은 사람을 묻은 곳을 '고분'이라고 해.
여러 개의 고분 무리는 고분군이라고 하지.

고분은 비슷한 말로 ⬚ A ⬚ (이)나

⬚ B ⬚ (이)라고 부르기도 한단다.

A와 B에 들어갈 낱말 두 개를 보기에서 찾아 ○표 해봐.

| 보기 | 등산　묘지　공원　무덤　가방　감옥 |

♦ 고분에는 사람의 시체뿐만 아니라 그 사람이 생전에 쓰던 물건들도 함께 묻혀 있어.
고분 안에서 발견되는 물건들 덕분에 우리는 고대 사람들이 어떤 삶을 살았는지
알 수 있지.

아래는 고령군 지산동 고분에서 발견된 유물이야.
현재 보물로 지정되어 있는데, 이 물건들에서 추측할 수 있는 사실은 뭘까?

⇨

써보기

단어장

문명
文 글월 문 明 밝을 명
인류가 이룩한 물질적, 기술적, 사회 구조적인 발전

흡수
吸 마실 흡 收 거둘 수
빨아서 거두어들임. 또는 외부에 있는 사람이나 사물 따위를 내부로 모아들임

분포
分 나눌 분 布 베 포
일정한 범위에 흩어져 퍼져 있음

통일
統 거느릴 통 — 한 일
나누어진 것들을 합쳐서 하나의 조직, 체계 아래로 모이게 함

일대
— 한 일 帶 띠 대
일정한 범위의 어느 지역 전부

 이번 뉴스는 어떤 내용을 담고 있니? 짧게 써볼래?

고분에 그 사람이 쓰던 물건까지 함께 묻은 이유는 무엇일까?

세계유산으로 지정된 가야의 고분군은 앞으로 어떻게 알리거나 관리하면 될까?

네가 유네스코 세계유산을 지정할 수 있다면 무엇을 세계유산으로 정하고 싶니?

더 알아보기

Tip

◇ **한국의 세계유산 알아보기**

한국의 유네스코 지정 유산을 지도상에서 한눈에 볼 수 있어.

Video

◇ **가야 역사 한번에 다 보기**

가야는 어떤 나라였을까? 가야 역사에 대해 잘 정리하여 설명한 영상이야.

◇ **가야고분군 세계유산 등재 자료 영상**

가야고분군에 대한 이해를 돕기 위한 영상으로 각 지역별 고분군의 모습을 볼 수 있어.

로봇이 급식실에서 치킨을 튀겨줘요

서울시 성북구 숭곡중학교에 전국 최초로 직접 요리를 할 수 있는 급식 로봇이 등장했습니다. 10억 원을 들여 만든 급식 로봇 4대가 사람이 하기 힘들고 위험한 국 끓이기, 볶기, 튀기기 등을 합니다. 2미터가 넘는 로봇 요리사는 180도가 넘는 기름에 닭고기를 튀기는 요리도 척척 해냅니다. 로봇에는 사람의 접근을 감지해 속도를 늦추거나 멈추는 안전장치도 장착되어 있습니다.

이 급식실에서 로봇과 조리사, 영양사가 오전 8시 30분부터 11시 30분까지 만든 음식은 모두 720명이 먹을 수 있는 양입니다. 조리사들은 요리사 로봇 덕분에 두세 시간씩 걸리는 힘든 튀김 작업을 하지 않아도 되어 업무 강도가 줄었다고 소감을 밝혔습니다.

서울시교육청이 학교 급식실에 로봇을 도입한 이유는 급식실 노동자의 건강을 위해서입니다. 뜨거운 불 앞에서 오랜 기간 조리하면 여러 가지 발암물질로 인해 폐 건강을 해칠 수 있다고 합니다. 또 점점 조리사를 구하기 힘든 학교 입장에서는 로봇이 인력난을 해결하는 데 도움을 줄 것으로 기대하고 있습니다. 2024년 5월 서울시교육청은 30억 원을 추가로 투입해 급식 로봇을 본격적으로 도입하겠다고 밝혔습니다.

ⓒ MBC

모르는 낱말 적기 — 활동을 끝낸 뒤, 알게 된 낱말에 ○표 해보자!

◈ 소리내어 읽었나요? ✓

쉬움 ⟵⟶ 어려움

배우기

1 급식

給(줄 급) 食(밥 식)

◇ 학교에서 먹는 식사는 대부분 '급식'으로 이루어지지? 급식은 식사를 공급한다는 의미도 있고, 그렇게 공급된 식사를 의미하기도 해.

◇ 여기에 네가 좋아하는 음식을 그려서 급식 식단을 만들어볼래?

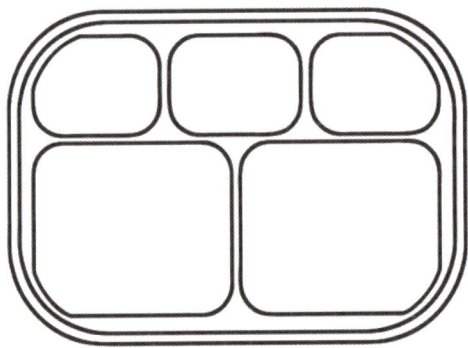

2 조리 시간

◇ 기사 내용을 다시 읽고 아래 시계에 시각을 표시해볼래?

이 급식실에서 로봇과 조리사, 영양사가 오전 8시 30분부터 11시 30분까지 만든 음식은 모두 720명이 먹을 수 있는 양입니다.

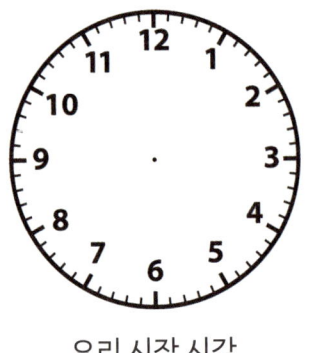
요리 시작 시각

요리 마무리 시각

720명이 먹을 수 있는 양은 몇 시간 동안 만든 걸까?

  시간

3 급식 로봇

◇ 학교에서 사용하는 급식 로봇은 이렇게 생겼어.

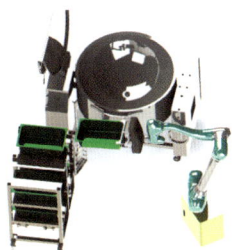  

국탕 로봇   볶음 로봇   유탕 로봇

◇ 이런 로봇이 만든 음식은 어떨 것 같아? 네 생각을 써볼래?

⇨

4 초성퀴즈

◇ 단어의 초성만 보고 정답을 맞히는 퀴즈야.
  뜻을 살펴보고 알맞은 낱말을 신문기사에서 찾아봐.

| ㅂ | ㅇ | ㅁ | ㅈ | ⇨ | | | | |

우리 몸에 해로운, 암을 일으킬 수 있는 물질을 말해.

| ㅇ | ㄹ | ㄴ | ⇨ | | | |

어떤 일을 할 때 필요한 사람들이 부족한 상태를 말해.
사람들이 부족하면 일이 제대로 이루어지기 어렵겠지?

써보기

단어장

접근
接 이을 접 近 가까울 근
가까이 다가감

강도
强 강할 강 度 정도 도
센 정도

노동자
勞 일할 로(노) 動 움직일 동 者 사람 자
노동력을 제공하고 얻은 임금으로 생활을 유지하는 사람

장착
裝 꾸밀 장 着 붙을 착
의복, 기구, 장비 등에 장치를 부착함

도입
導 인도할 도 入 들 입
기술, 방법, 물자 등을 끌어 들임

투입
投 던질 투 入 들 입
사람이나 물자, 자본 등을 필요한 곳에 넣음

 이번 뉴스는 어떤 내용을 담고 있니? 짧게 써볼래?

학교 급식실에 로봇이
등장한 이유는 무엇이니?

앞으로 이렇게 로봇이
인간을 대신해
할 수 있는 일에는
또 무엇이 있을까?

만약 급식실 로봇과
대화할 수 있다면
너는 뭐라고 말하겠니?

더 알아보기

Book

◇ **건강한 급식이 먹기 싫어?**

양은진 글 | 봄 그림 | 꿈꾸는사람들 | 192쪽 | 12,000원

건강과 음식의 즐거움 등 다양한 급식 이야기를 담은 책이야.

Video

◇ **급식실에 등장한 로봇 요리사…맛은 어떨까?**

유튜브 채널 <YTN>

급식실 로봇이 조리하는 모습을 직접 볼 수 있는 뉴스 영상이야.

◇ **1시간에 300인분 조리… 외식업계에서 두 팔 벌려 반기는 이유**

유튜브 채널 <SBS뉴스>

조리 로봇, 홀서빙 로봇 등 사람의 일자리를 대신하고 있는 다양한 로봇들의 이야기를 담은 뉴스 영상이야.

소싸움은 동물 학대일까?

문화재청이 소싸움을 국가무형문화재로 지정하기 위한 조사를 뒤로 미뤘습니다. 소싸움이 동물 학대라는 논란이 있기 때문입니다. 사나운 소 두 마리를 골라 싸움을 시키는 소싸움은 우리의 전통 민속놀이입니다. 특히 경상북도 청도군에는 소싸움 전용 경기장이 있어, 주말마다 소싸움이 벌어집니다. 연간 경기 일정은 무려 100여 회에 이릅니다.

소싸움 대회는 정부의 허가를 받아야 하며, 현재 전국 10곳(김해·의령·진주·창녕·창원·함안·청도·달성·완주·보은)에서 열리고 있습니다. 2022년부터는 '싸움'이라는 단어가 부정적이라는 이유로 '소 힘겨루기 대회'로 이름이 바뀌기도 했습니다.

그러나 최근 반려동물을 키우는 사람들이 많아지고 동물의 생명과 안전을 중요하게 여기는 분위기가 높아지고 있습니다. 동물자유연대와 같은 시민단체들은 "인간의 즐거움을 위해 소에게 싸움을 붙이는 것은 그 어떤 가치도 없다"라고 비판하며 소싸움을 국가무형문화재로 지정하면 안 된다고 반발합니다. 이러한 인식을 반영하여 전라북도 정읍시는 2024년부터 소싸움 대회를 폐지했습니다. 한편 영국에서는 1900년대 이후부터 동물들의 싸움 경기를 법으로 금지하고 있습니다.

ⓒ 청도군청

 ## 배우기

1 유형/무형

◇ 문화재는 일정한 형태를 지녔는지 아닌지에 따라 유형문화재와 무형문화재로 구분해.

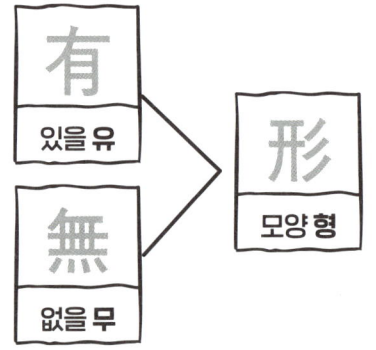

옳게 짝지어볼래?

유형문화재 • • 형체가 없는 문화적 유산 •

무형문화재 • • 형체가 있는 문화적 유산 •

- 춤
- 문서
- 음악
- 건물
- 책

2 전통 민속놀이

◇ 우리나라에는 다양한 민속놀이가 있어.
옛날부터 전해 내려오는 각 민속놀이의 이름을 적어보자!

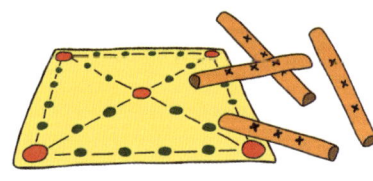

3 소싸움

✧ 소들이 싸우는 모습을 색칠해볼래?

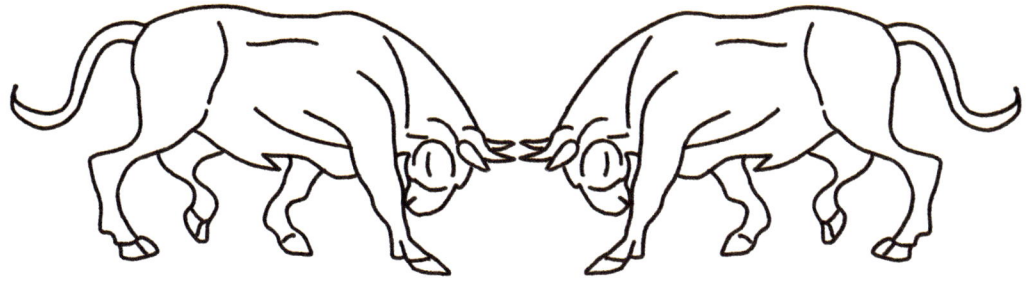

✧ '소싸움 대회' 대신 바뀐 이름은 무엇이지?

⇨

✧ 소싸움 대회가 열리고 있는 지역은 아래와 같아.

김해   의령   진주   창녕   창원   함안   청도   달성   완주   보은

이중 네가 가본 곳이 있니? 찾아서 ○표 해봐.

4 논란

논할 론(논) | 어려울 난

✧ 여럿이 서로 다른 주장을 내며 다투는 상황을 '논란'이라고 해.

최근 네 주변에서 논란이 된 일이 있었어? 무엇이었니?

⇨

 # 써보기

단어장

지정
指 가리킬 지 定 정할 정
관공서, 학교, 회사, 개인 등이 어떤 것에 특정한 자격을 줌

학대
虐 모질 학 待 기다릴 대
몹시 괴롭히거나 가혹하게 대우함. 또는 그런 대우

연간
年 해 년(연) 間 사이 간
한 해 동안

부정적
否 아닐 부 定 정할 정 的 과녁 적
그렇지 않다고 단정하거나 옳지 않다고 반대하는 것

반발
反 돌이킬 반 撥 다스릴 발
어떤 상태나 행동 등에 대해 거스르고 반항함

폐지
廢 무너질 폐 止 그칠 지
실시해 오던 제도나 법규, 일 등을 그만두거나 없앰

 이번 뉴스는 어떤 내용을 담고 있니? 짧게 써볼래?

'소싸움'이 '소 힘겨루기 대회'로 바뀌었다고 했지? 만약 네가 대회 이름을 바꾼다면 뭐라고 지을 거야?

동물들이 싸우는 걸 본 적이 있니? 동물들의 경기를 보러 가는 사람들은 무엇을 기대하며 가는 걸까?

소싸움을 무형문화재로 만들어 지키는 것에 찬성하니? 반대하니? 그 이유는 무엇이니?

더 알아보기

Book

◇ **싸움소 벼락이**

박찬아 글 | 한용욱 그림 | 책과콩나무 | 200쪽 | 12,000원

외뿔 송아지 벼락이가 장애와 편견에 맞서 싸움소로 성장하는 이야기를 담은 책이야.

Video

◇ **판소리, 탈춤, 그리고 소싸움…? 우리나라 무형문화재 검토 근황**

소싸움의 국가무형유산 지정 논란과 관련된 영상이야.

◇ **잘되던 미용 일도 관두고, 남자도 하기 힘든 싸움소 "엄마"가 됐습니다**

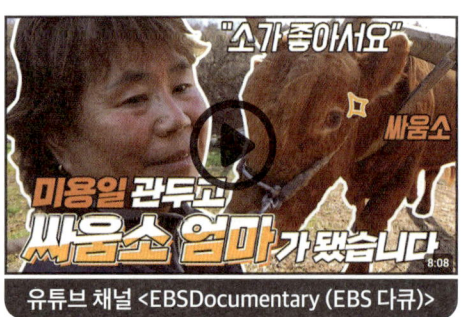

싸움소 박창이와 강창이를 돌보는 조련사의 모습을 담은 영상이야.

26. 제주 해녀, 세계중요농업유산 되다

2023년 11월 이탈리아 로마에서 열린 유엔(UN) 세계식량농업기구(FAO) 총회에서 '제주 해녀 어업'이 세계중요농업유산으로 등재되었습니다. 세계중요농업유산은 전 세계의 전통적인 농업 시스템과 경관, 생물 다양성 등을 보전하기 위해 도입된 제도입니다.

해녀 어업이란 여성들이 산소통 같은 기계 장치 없이 맨몸으로 바다에 들어가 전복, 소라, 미역 등 해산물을 채취하는 잠수 작업(물질)을 말합니다. 제주 해녀들은 숨을 참고 10미터보다 더 깊은 바닷속까지 자맥질해 들어가 1분 이상 해산물을 채취합니다. 다른 지역에서는 보기 힘든 이 작업으로 제주 해녀들은 가족의 생계를 이끌어가기도 합니다.

제주 해녀는 지난 2016년 유네스코 인류무형문화유산에 등재되기도 했습니다. 유네스코가 오랜 세월 동안 이어져 내려온 제주 해녀 문화를 널리 알리고 보전할 가치가 있다고 인정한 것입니다. 경험이 풍부한 '상군 해녀'는 경험이 부족한 해녀들에게 채취 기술을 알려주며 안전하게 물질을 할 수 있도록 도와줍니다. 제주 해녀의 지혜와 기술은 어머니로부터 딸에게, 선배로부터 후배에게 오랫동안 이어져 내려온 소중한 우리 문화유산입니다.

ⓒ JIBS

 # 배우기

1 해녀

바다 해 | 여자 녀(여)

✧ 한자를 보고 '해녀'의 뜻을 올바르게 설명한 것을 찾아볼래?

☐ 산속에서 약초를 캐고 산나물 등을 재배하는 직업을 가진 여자

☐ 바닷속에 들어가 해삼, 전복, 미역 등을 따는 직업을 가진 여자

☐ 밭에서 농사를 지으며 여러 가지 농작물을 판매하는 직업을 가진 여자

✧ 네가 원하는 대로 해녀 그림을 색칠해봐!

2 잠수 작업(물질)

✧ 제주 해녀들은 기계 장치 없이 맨몸으로 바닷속에 들어간대.
무려 10미터보다 더 깊은 바다에서 1분 이상 숨을 참을 수 있다고 해.

✧ 스마트폰 타이머를 맞춰 놓고 숨을 최대한 몇 초까지 참을 수 있는지 재볼래?

 초

3 유엔 세계식량농업기구

♦ 유엔은 'United Nations'의 약자야.

| U | n | i | t | e | d | | N | a | t | i | o | n | s |

세계 평화와 국제 협력을 위해 만들어진 국제 기구란다.
세계에서 일어나는 여러 문제의 해결책을 찾기 위해 노력하지.

♦ 유엔은 다양한 기관으로 이루어져 있는데, 그 중 하나가 '세계식량농업기구'야.
세계식량농업기구의 약자는 'FAO'라고 해. 아래에서 알파벳을 찾아 ○표 해볼래?

Food	and	Agriculture	Organization	of the United Nations
음식(식량)	그리고	농업	기구(조직)	유엔의

FAO는 음식과 농업에 대한 다양한 문제를 해결하면서
모든 사람들이 안정적으로 식량을 얻을 수 있도록 돕고 있어.

4 생계

♦ '생계'는 살림을 살아 나갈 방도를 뜻하는 말인데,
쉽게 설명하자면 우리가 일상생활에서 필요한 모든 것을
확보하고 유지하기 위한 활동을 뜻해.

그렇다면 다음 문장은 무슨 의미일까?

생계가 어렵다 ⇨

써보기

단어장

경관
景 경치 경 觀 볼 관
산이나 들, 강, 바다 등의 자연이나 지역의 풍경

자맥질
물속에서 팔다리를 놀리며 떴다 잠겼다 하는 짓

해산물
海 바다 해 産 낳을 산 物 물건 물
바다에서 나는 동식물을 통틀어 이르는 말

생계
生 날 생 計 셀 계
살림을 살아 나갈 방도. 또는 현재 살림을 살아가고 있는 형편

보전
保 지킬 보 全 온전할 전
온전하게 보호하여 유지함

 이번 뉴스는 어떤 내용을 담고 있니? 짧게 써볼래?

제주 해녀가 바닷속에서 잡을 수 있는 해산물에는 어떤 것들이 있을까?

제주 해녀의 자맥질이 '세계중요농업유산'에 등재된 이유는 무엇일까?

물질을 막 끝내고 나온 제주 해녀에게 뭘 물어보고 싶니?

더 알아보기

Tip

◇ **세계중요농업유산**

지구상의 다양한 나라에는 그 나라만의 특별한 작물과 전통적인 농업 기술이 있어. FAO는 이러한 유산들을 보존하고 그 지역의 농업 문화가 더 나아질 수 있도록 돕고 있어. 예를 들면 이탈리아의 올리브 오일 생산 시스템이나 브라질의 꽃 채집 방법 등도 세계중요농업유산으로 등재되어 있지.

Video

◇ **제주해녀 문화 | 같이 잇다, 가치를 잇다**

세계가 인정한 우리의 문화유산인 제주 해녀 문화를 소개하는 영상이야.

◇ **대한민국 최초 외국인 해녀 탄생!**

해녀 문화에 푹 빠져서 해녀가 되기로 한 폴란드인의 이야기를 담은 영상이야.

21 구찌, 악어가죽 사용 당장 멈춰!

이탈리아 밀라노에서 열린 구찌의 2024년 여성복 패션쇼 런웨이에 한 여성이 뛰어들어 '파충류 가죽을 사용하지 말라'는 손 팻말을 들고 기습적으로 시위를 벌이다 보안 요원에 의해 끌려 내려왔습니다. 이 여성은 동물보호단체 페타(PETA)의 회원이었습니다.

여성이 든 손 팻말에는 '구찌: 이그조틱 스킨을 금지하라(Gucci: Ban Exotic Skins)'라고 적혀 있었습니다. 이그조틱 스킨이란 악어, 뱀, 도마뱀과 같은 파충류의 가죽을 뜻하는 패션계 용어입니다. 구찌와 같은 유럽의 유명한 패션업체들은 이러한 가죽으로 만든 핸드백, 구두 등을 수백만 원에서 수천만 원에 이르는 가격에 팔고 있습니다.

동물보호단체들은 파충류의 가죽을 얻는 과정이 지나치게 잔인하다고 비판해왔습니다. 악어나 뱀의 가죽을 벗길 때는 커다란 망치나 전기충격기로 의식을 잃게 하고 머리를 잘라내야 합니다. 파충류는 척추가 부러지거나 머리가 잘려도 신경이 살아 있기 때문에 극심한 고통을 느낀다고 합니다. 페타의 회원들은 여러 패션 브랜드에 가죽, 모피 등의 사용을 중단할 것을 요청하며 계속해서 패션쇼 무대에 뛰어들어 시위를 벌여 오고 있습니다.

ⓒ AP통신

배우기

1 구찌

♦ 이탈리아의 유명한 패션 브랜드로, 세계적인 글로벌 패션 아이콘 중 하나야. 구찌의 로고에는 똑같은 알파벳 2개가 있어.

무엇일까? ⇨ ☐

2 런웨이

♦ 패션쇼에서 모델이 의상을 입고 걸으며 소개하는 특별한 곳이야. 디자이너가 만든 다양한 작품을 사람들에게 보여주는 장소인 셈이지.

런웨이는 길고 좁은 통로처럼 생겼어. 모델들이 이 통로 위를 의상을 입고 걸어가는 거야.

네가 만약 런웨이를 걸을 수 있는 기회가 생긴다면 어떤 옷을 입고 싶어? 오른쪽 마네킹에 그려볼래?

3 페타(PETA)

✦ 동물보호단체 페타는 동물의 권리와 복지를 지키기 위해 노력하는 비영리 단체란다.
페타는 아래 단어에서 앞글자만 딴 거래. 어떤 알파벳을 딴 건지 네가 동그라미 해볼래?

People for the Ethical Treatment of Animals

✦ 사다리 타기로 동물보호단체가 하는 일을 모두 찾아볼래? ⇨ ☐

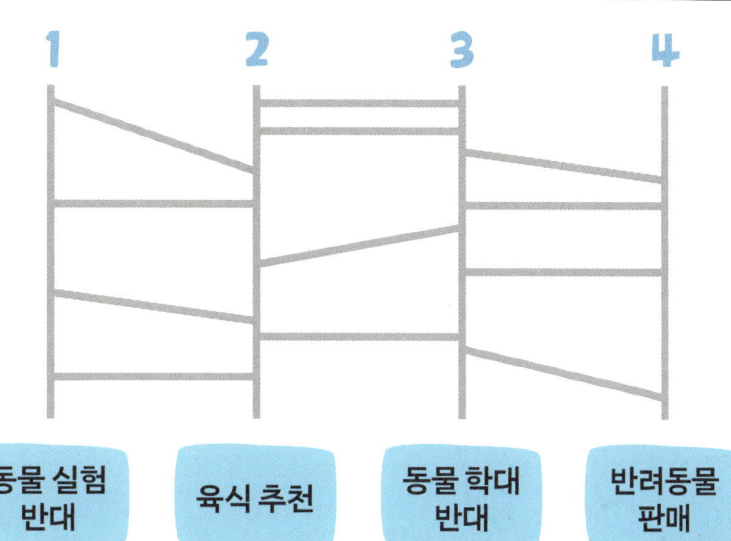

| 동물 실험 반대 | 육식 추천 | 동물 학대 반대 | 반려동물 판매 |

4 이그조틱 스킨

✦ 특별한 패턴, 질감, 색상을 가지고 있는 동물의 가죽을 뜻해.

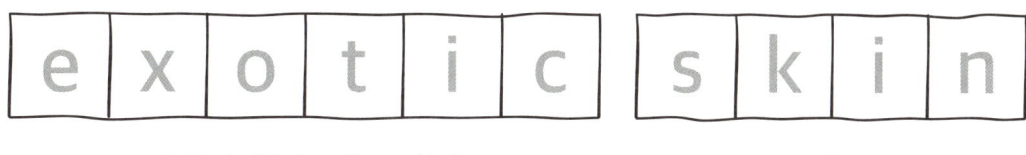

e x o t i c   s k i n

이국적인(다르게 보이는)   피부

이그조틱 스킨은 가방, 신발, 지갑, 벨트 등 패션 제품에서 종종 사용돼.
무척 고가로 판매된단다.

# 써보기

단어장

기습적
奇 기이할 기 襲 엄습할 습 的 과녁 적
남이 알아차리기 전에 갑자기 행하는 것

잔인
殘 잔인할 잔 忍 참을 인
인정이 없고 아주 모짊

극심
極 극진할 극 甚 심할 심
매우 심함

모피
毛 터럭 모 皮 가죽 피
털이 붙어 있는 짐승의 가죽

손 팻말
주변이나 다른 사람들에게 알리기 위해
글 등을 써 놓은, 손에 들 수 있는 작은 크기의
네모난 조각

 이번 뉴스는 어떤 내용을 담고 있니? 짧게 써볼래?

이 여성은 왜 패션쇼 무대에
뛰어들면서 시위를 벌인 걸까?
다른 방법도 있었을 텐데 말이야.
네 생각을 써봐.

패션쇼를 보러 간 사람들은
여성의 팻말 속 글을 보고
무슨 생각을 했을까?

이그조틱 스킨으로 만든 패션 제품을 즐겨 사는
사람들에게 무슨 말을 해주고 싶니?

더 알아보기

Book

◇ **밀림으로 돌아간 악어가죽 가방**

김진경 글 | 윤봉선 그림 | 길벗어린이 | 36쪽 | 10,000원

백화점 진열대에서 답답하게 갇혀 지내는 악어 가방과 먼 옛날 할아버지 악어를 주인공으로, 사람들의 욕심이 자연과 생명을 어떻게 다루었는지 들려주는 동화야.

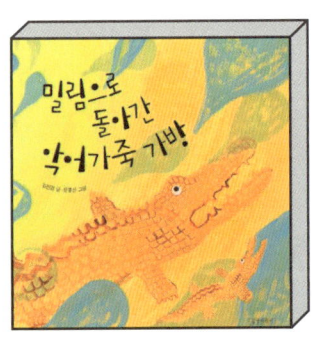

Video

◇ **셀럽은 왜 구찌를 쫙 빼입을까?**

유튜브 채널 <14F 일사에프>

구찌 브랜드의 역사에 대해 잘 정리한 영상이야.

◇ **Gucci: Ban Exotic Skins**

유튜브 쇼츠 @PETAEurope

기사 속 시위 장면을 담은 영상이야.

360도 회전 로봇, 올 뉴 아틀라스

바닥에 누워 있다가 다리 관절을 회전하여 일어나고, 목과 몸통도 360도 회전할 수 있는 로봇이 등장했습니다. 2024년 4월 휴머노이드 로봇을 개발하는 보스턴 다이내믹스는 이전에 개발했던 모델보다 더 진화한 '올 뉴 아틀라스'를 새롭게 선보였습니다.

올 뉴 아틀라스는 기존 로봇과 다르게 전기로만 움직이는 전기식 휴머노이드 로봇입니다. 인간의 모습을 닮았지만 인간보다 뛰어난 운동 능력을 자랑합니다. 전기식이기 때문에 작동할 때 소음이 적고 정교한 움직임도 가능해졌습니다. 또한 모든 관절을 360도 회전할 수 있어 앞뒤 구분 없이 자유롭게 움직일 수 있습니다. 머리 부분에는 카메라와 여러 감지 장치 등도 장착되었습니다.

1992년 미국에서 세워진 보스턴 다이내믹스는 2021년 우리나라의 현대자동차 그룹에 인수되었습니다. 보스턴 다이내믹스와 현대자동차는 앞으로 올 뉴 아틀라스를 자동차 공장의 제조 현장에 투입하여 활용할 계획입니다. 반복적이면서도 육체적으로 힘든 공정이 많은 자동차 공장에서는 휴머노이드 로봇의 활용도가 크기 때문입니다. 머지않아 휴머노이드 로봇이 인간의 노동을 대신할지도 모릅니다.

ⓒ 보스턴 다이내믹스

모르는 낱말 적기 — 활동을 끝낸 뒤, 알게 된 낱말에 ○표 해보자!

✧ 소리내어 읽었나요? ☑   쉬움 ←→ 어려움

 # 배우기

1 보스턴 다이내믹스

◆ 우리나라 기업인 현대자동차그룹 안에 있는 로봇 관련 회사야. 다양한 로봇을 설계하고 만들어내고 있어.

◆ 아래는 '올 뉴 아틀라스'에 대한 설명인데 신문 기사를 읽고 ○× 표시를 해볼래?

목과 몸통을 360도 회전할 수 있어. ☐

다리 관절은 회전할 수 없어. ☐

전기로만 움직여. ☐

운동능력이 인간을 뛰어넘지는 않아. ☐

시끄러운 소리가 나. ☐

머리 부분에는 카메라와 여러 감지 장치가 있어. ☐

아틀라스 (기존 모델) → 올 뉴 아틀라스 (새로운 모델)

2 관절

◆ 뼈들이 만나는 곳을 관절이라고 해. 손가락을 구부리거나 팔을 움직이거나 무릎을 굽힐 때 등 우리 몸 여러 부분이 관절 덕분에 움직여.

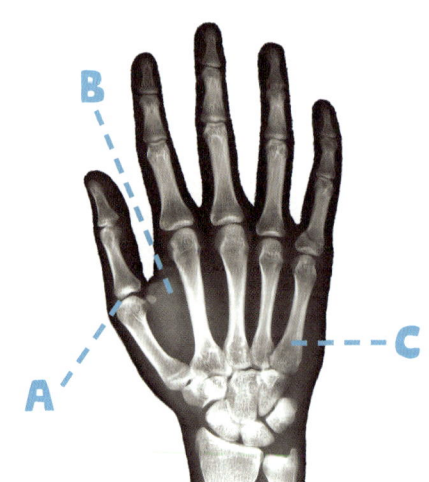

오른쪽 사진에서 관절은 어디일까? ⇨

172

3 휴머노이드

◇ 사람과 비슷한 형태나 특징을 가진 로봇이나 인공적으로 만들어진 존재를 '휴머노이드'라고 해.

사람을 뜻하는 'human'과 비슷하다는 뜻의 'oid'를 합친 단어지.
휴머노이드를 영어로 써볼래?

⇨ ☐☐☐☐☐☐☐☐

4 낱말 퀴즈

◇ 아래는 신문 기사에 등장하는 낱말을 설명하는 글이야.
한자와 단어 뜻, 초성, 비슷한 말을 알려줄게.
정답을 알아내 빈칸에 써봐.

| 한자 | 感 知 | | 비슷한 말 | 인식 / 지각 |

| 단어 뜻 | 무언가를 발견하거나 알아차리는 것 | | 초성 | ㄱ ㅈ |

정답: ☐☐

써보기

단어장

진화
進 나아갈 진 化 될 화
일이나 사물 따위가 점점 발달해 감

정교
精 정할 정 巧 공교할 교
솜씨나 기술 등이 정밀하고 교묘함

제조
製 지을 제 造 지을 조
공장에서 큰 규모로 물건을 만듦

소음
騷 떠들 소 音 소리 음
불규칙하게 뒤섞여 불쾌하고 시끄러운 소리

인수
引 끌 인 受 받을 수
물건이나 권리를 건네받음

공정
工 장인 공 程 한도 정
한 제품이 완성되기까지 거쳐야 하는 하나하나의 작업 단계

 이번 뉴스는 어떤 내용을 담고 있니? 짧게 써볼래?

현대자동차는
보스턴 다이내믹스를 왜 인수했을까?

올 뉴 아틀라스에 기능을
좀 더 추가할 수 있다면
넌 어떤 능력을 넣고 싶어?

휴머노이드 로봇이
할 수 있는 일에는
또 어떤 것이 있을까?

더 알아보기

Book

✧ **미래가 온다, 로봇**

김성화, 권수진 글 | 이철민 그림 | 와이즈만북스(와이즈만 BOOKs) | 176쪽 | 15,000원

우리가 알고, 기다리고, 상상하는 로봇의 탄생과 성장, 미래에 관한 이야기를 담은 책이야.

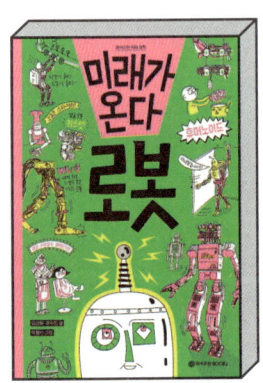

Video

✧ **All New Atlas | Boston Dynamics**

유튜브 채널 <Boston Dynamics>

보스턴 다이내믹스에서 공개한 올 뉴 아틀라스 영상이야. 실제로 어떻게 움직이는지 궁금하다면 꼭 봐.

✧ **흥분된다…현대차 제조에 투입되는 로봇 '아틀라스' 수준이**

유튜브 채널 <YTN>

올 뉴 아틀라스의 모습과 이 로봇이 어떻게 활용될 것인지를 담은 뉴스 영상이야.

29 인공위성에서 본 한반도의 밤

테슬라 CEO(최고경영자) 일론 머스크가 2023년의 마지막 날 소셜미디어 X(옛 트위터)에 한 장의 사진을 올렸습니다. 바로 인공위성에서 찍은 한반도의 모습이었습니다. 일론 머스크는 사진과 함께 '밤과 낮의 차이(Night and day difference)'라는 메시지도 함께 남겼습니다.

사진 속 한반도의 휴전선 아랫부분은 눈부신 불빛으로 가득 차 있습니다. 강원도처럼 산이 많고 인구밀도가 낮은 지역을 제외하고는 노란 불빛이 이어져 있습니다. 하지만 휴전선 윗부분인 북한은 캄캄한 어둠뿐입니다. 겨우 평양 주변이 노랗게 점으로 빛날 뿐입니다.

일론 머스크는 또 "한 나라를 반으로 나눠서 한쪽은 자본주의, 다른 한쪽은 공산주의로 두고 70년 후 어떻게 달라지는지 보자"라는 말을 덧붙였습니다. 1953년에 6·25전쟁이 끝나고 분단된 지 70년이 흘러 확연하게 달라진 남북한의 모습을 말한 것입니다. 북한의 밤이 어두운 이유는 산업이 발전하지 못했고 전력 사정도 어렵기 때문입니다. 휴전 후 우리나라는 산업화 과정을 거치며 선진국 대열에 올라선 반면, 북한은 아직도 경제난에 허덕이고 있습니다.

ⓒ 소셜미디어 X

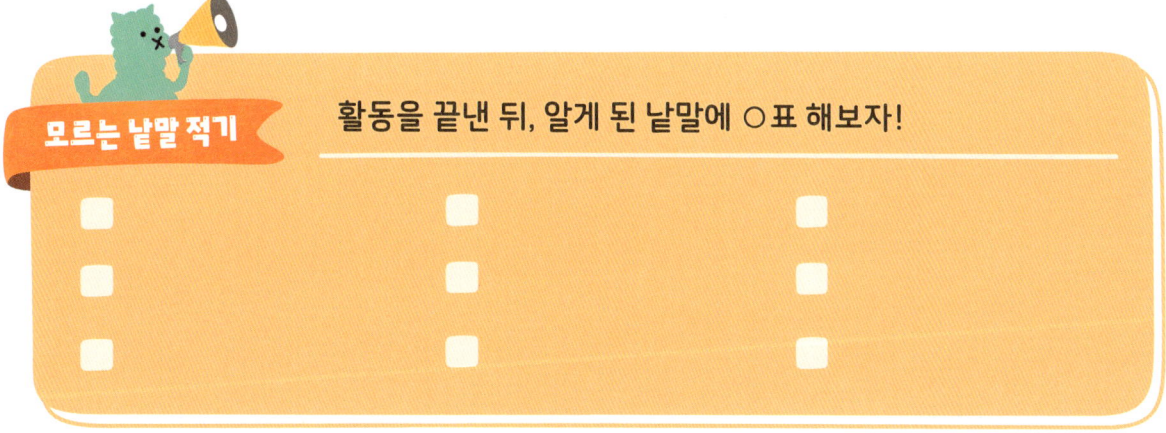

모르는 낱말 적기 — 활동을 끝낸 뒤, 알게 된 낱말에 ○표 해보자!

◇ 소리내어 읽었나요? ✓

쉬움 ←→ 어려움

1 일론 머스크와 소셜미디어 X

✧ 일론 머스크는 혁신적인 아이디어를 가진 기업가야.

테슬라	스페이스 X	솔라시티
(자동차 분야)	(우주 분야)	(에너지 분야)

다양한 분야에서 활동하며, 위와 같은 회사를 운영하고 있어.

그리고 2023년에 '트위터'를 인수하였고, 여러 기능을 추가하여 'X'로 이름을 바꿨어.

 개인의 생각이나 상황을 간단하게 글로 써서 공유 ➡  긴 글 쓰기, 편집, 음성채팅 등 기능 추가

✧ 만약 네가 지금 당장 X(옛 트위터)에 글을 남긴다면 그 내용은 무엇일 것 같아?

⇨

2 자본주의 / 공산주의

자본주의	공산주의
내 물건은 내 것	모든 물건은 모두의 것
사는 것과 파는 것 모두 시장의 상황에 따라 결정	사는 것과 파는 것 모두 국가에서 결정해주는 대로
서로 경쟁하여 모두 자신이 원하는 걸 가지기 위해 노력	국가의 계획대로 공동의 이익을 위해 노력

3 한반도

◇ 지리적으로 우리나라를 표현할 때 '한반도'라고 해.
여기서 '반도'는 땅의 한 면이 큰 땅에 연결되고 나머지 면이 바다 쪽으로 튀어나온 곳을 일컫는 말이야.

그림에서 '반도'를 모두 찾아 ○표 해봐.

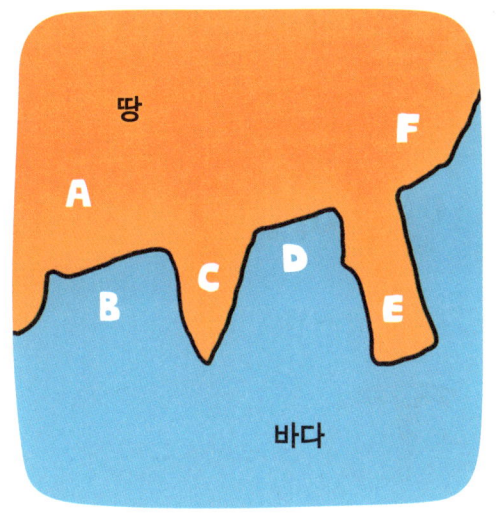

4 평양

◇ 평양은 북한의 수도로, 한반도의 중앙에 위치해 있어.
북한의 정치, 문화, 경제의 중심지이기도 하지.

> 사진 속 한반도의 휴전선 아랫부분은 눈부신 불빛으로 가득 차 있습니다. 강원도처럼 산이 많고 인구밀도가 낮은 지역을 제외하고는 노란 불빛이 이어져 있습니다. 하지만 휴전선 윗부분인 북한은 캄캄한 어둠뿐입니다. 겨우 평양 주변이 노랗게 점으로 빛날 뿐입니다.

◇ 일론 머스크가 올린 사진을 보고 휴전선과 평양을 각각 찾아볼래?

써보기

단어장

휴전선
休 쉴 휴 戰 싸움 전 線 줄 선
6·25 전쟁의 휴전에 따라 한반도의 가운데를 가로질러 설정된 군사 경계선

분단
分 나눌 분 斷 끊을 단
동강이 나게 끊어 가름

선진국
先 먼저 선 進 나아갈 진 國 나라 국
다른 나라보다 정치, 경제, 문화 등의 발달이 앞선 나라

인구밀도
人 사람 인 口 입 구 密 빽빽할 밀 度 법도 도
일정한 지역의 단위 면적에 대한 인구수의 비율

산업화
産 낳을 산 業 업 업 化 될 화
산업의 형태가 됨

대열
隊 무리 대 列 벌일 렬(열)
줄을 지어 늘어선 행렬

 이번 뉴스는 어떤 내용을 담고 있니? 짧게 써볼래?

인공위성에서 찍은
한반도 사진을 보면
남과 북의 차이가 크지?
그 이유는 뭘까?

일론 머스크가 남긴 글
아래에 댓글을 단다면
너는 뭐라고 쓰고 싶니?

남한(우리나라)과 북한으로 분단된 지 70년이 넘었어.
남북한은 통일이 될 수 있을까? 네 생각과 그에 따른 이유를 함께 써줘~

더 알아보기

Book

◇ **북한 떡볶이는 빨간 맛? 파란 맛?**

박천조 글 | 김윤정 그림 | 사계절 | 116쪽 | 13,800원

북한을 잘 몰라서 벌어지는 오해를 바로잡기 위해 북한에 대한 정보를 건강한 시각으로 꼼꼼하게 담은 책이야.

Video

◇ **세상을 바꾼 미친 사람, 일론 머스크**

유튜브 채널 <소비더머니>

자신의 길을 가면서 많은 것들을 변화시키고 있는 일론 머스크라는 인물에 대해 잘 정리한 영상이야.

◇ **공산주의와 자본주의(민주주의)의 차이점은 뭘까?**

유튜브 채널 <지식 잡화점>

공산주의와 자본주의(민주주의)의 차이점을 설명한 영상이야.

다시 인기를 끄는 '옛날' 선풍기

1970년대에 인기를 끌던 옛날 선풍기가 다시 등장해 소비자들로부터 관심을 받고 있습니다. 선풍기 등 가전제품 제조사로 유명한 신일전자가 2024년 여름 선보인 탁상용 선풍기는 70년대 디자인을 그대로 재현하여 책상이나 탁자 위에 올려놓을 수 있도록 작은 크기로 만든 것입니다. 당시 유행하던 파란색 날개에, 바람 세기를 선택하는 버튼도 옛날처럼 큼지막한 네모 모양으로 만들었습니다.

신일전자 관계자는 "지난해 출시한 옛날 디자인 선풍기의 인기가 예상을 뛰어넘어서 올해도 또 다른 복고풍 제품을 출시했다"라고 밝혔습니다. 이렇게 몇십 년 전 과거에 유행했던 물건, 풍습으로 다시 돌아가는 것을 '복고'라고 합니다. 이런 복고풍의 제품들을 보며 젊은 세대는 참신한 디자인에 흥미로워하고, 40~50대 이상의 어른들은 추억을 떠올린다고 합니다.

선풍기 외에도 패션, 가구, 장난감, 글씨체 등 다양한 분야에서 복고풍 디자인의 제품들이 등장하고 있습니다. 마케팅 전문가들은 40대 이상의 장년층과 20대 청년층 모두에게 흥미를 유발하는 복고풍 디자인의 인기는 당분간 계속될 것이라고 예상했습니다.

ⓒ 신일전자

배우기

1 년대

◇ 특정한 시간 또는 기간을 나타내는 말인데,
특정 시기의 특징이나 문화를 설명할 때 주로 사용해.

年	代
해 년	대신할 대

1970년대

1970년
1971년
1972년
1973년
1974년
1975년
1976년
1977년
1978년
1979년

◇ 1970년~1979년까지를 1970년대라고 해.
그렇다면 다음은 몇 년대라고 해야 할까?

1990년~1999년 ⇨ [　　] 년대

2010년~2019년 ⇨ [　　] 년대

◇ 기사 속에 나오는 '70~80년대'는 몇 년도부터 몇 년도까지를 말하는 걸까?
⇨ [　　] 년부터 [　　] 년

2 신일전자

◇ 1959년 작은 모터 제조사로 시작한 신일전자는 현재 종합가전기업으로 성장하여 대한민국 대표 선풍기 제조사라고 할 수 있어.

이건 실제로 예전에 출시되었던 신일전자의 선풍기야.
선풍기를 보니 어떤 느낌이 들어?

⇨ [　　　　　　　　　　　　　　]

3 마케팅

◆ 어떤 상품이나 서비스를 사람들에게 알리고, 그들의 관심을 끌어서 구매하도록 유도하는 활동을 '마케팅'이라고 한단다.

마케팅은 영어로 'marketing'이라고 써. 오른쪽 낱말판에서 이 단어를 찾아볼래? 가로줄, 세로줄에 각각 하나씩 숨어 있어.

```
u b m x p v a c b h g
c i a c s b m s n o h
x o r v t g a g e p a
d p i b i y r u w y r
h w p m n u k y q m a
j v w e e o e o i e m
k m a r k e t i n g a
l i z w o p i n v i r
m g c g n a n w g n k
o y v i m s g q h g t
```

4 복고

◆ 기사 속에서 '복고'가 무엇인지 찾아 써볼래?

⇨

復 古
회복할 복 　 옛 고

◆ 예전에 유행하던 것들을 지금 다시 떠올려 즐기는 분위기를 '복고풍'이라고 하지. 패션, 음악, 문화 등등 아주 다양한 분야에서 복고풍이 인기야.

써보기

단어장

탁상용
卓 높을 탁 上 윗 상 用 쓸 용
책상이나 선반 등에 놓고 사용할 수 있는 것

재현
再 두 재 現 나타날 현
다시 나타남

출시
出 날 출 市 저자 시
상품이 시중에 나옴

풍습
風 바람 풍 習 익힐 습
풍속과 습관을 아울러 이르는 말

유발
誘 꾈 유 發 필 발
어떤 것이 다른 일을 일어나게 함

 이번 뉴스는 어떤 내용을 담고 있니? 짧게 써볼래?

옛날 디자인을 재현한
복고풍 제품들은
왜 인기를 끌고 있을까?

부모님이 어릴 때 쓰던 물건 중
복고풍으로 만들면 좋을 것은
무엇이 있을지 찾아볼까?

네가 가진 물건 중 하나를
스스로 '마케팅'해야 한다면
어떤 방법을 사용할 거야?

더 알아보기

Book

◇ 왜지? 끌려!
   우리를 혹하게 만드는 광고와 마케팅의 마법
   캐리 슈타인만, 로라 시몽 글 | 엘리나 브라스리냐 그림 |
   박종대 옮김 | 책읽는곰 | 72쪽 | 15,000원

   마케팅의 기본 개념부터 누가 왜 마케팅을 하는지, 어떤 방식으로 하는지까지 마케팅의 모든 것을 적절한 예시와 비유를 들어 쉽고도 재미있게 알려주는 책이야.

Video

◇ '복고'가 몰려온다… 산업까지 변화시키는 '레트로 열풍'

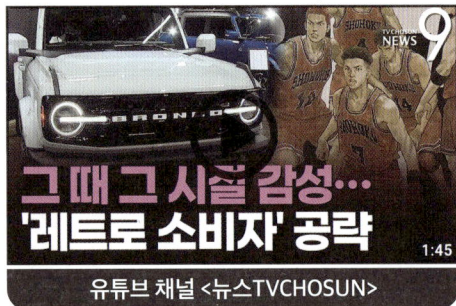

다양한 분야에서 복고 열풍이 불고 있는 현상에 대해 보도한 뉴스 영상이야.

◇ 신일전자, 정윤석 대표_혁신기술로 새로운 오늘을 만들다

가전제품 기업인 신일전자의 정윤석 대표 인터뷰 영상이야.